글로벌 시장진출을 위한

전시마케팅
실무 가이드

글로벌 시장진출을 위한 전시마케팅 실무 가이드

발행일   2016년 12월 16일

지은이   김 영 서
펴낸이   손 형 국
펴낸곳   (주)북랩
편집인   선일영   편집   이종무, 권유선, 안은찬, 김송이
디자인   이현수, 이정아, 김민하, 한수희   제작   박기성, 황동현, 구성우
마케팅   김회란, 박진관
출판등록 2004. 12. 1(제2012-000051호)
주소   서울시 금천구 가산디지털 1로 168, 우림라이온스밸리 B동 B113, 114호
홈페이지 www.book.co.kr
전화번호 (02)2026-5777   팩스   (02)2026-5747

ISBN   979-11-5987-276-1 13320 (종이책)
         979-11-5987-277-8 15320 (전자책)

이 도서의 국립중앙도서관 출판예정도서목록(CIP)은 서지정보유통지원시스템 홈페이지(http://seoji.
nl.go.kr)와 국가자료공동목록시스템(http://www.nl.go.kr/kolisnet)에서 이용하실 수 있습니다.
(CIP제어번호: CIP2016030949)

(주)북랩 성공출판의 파트너

북랩 홈페이지와 패밀리 사이트에서 다양한 출판 솔루션을 만나 보세요!
홈페이지 book.co.kr   1인출판 플랫폼 해피소드 happisode.com
블로그 blog.naver.com/essaybook 원고모집 book@book.co.kr

전시회 참가기획부터 현장 활동과 사후관리까지의 실무 가이드

글로벌 시장진출을 위한
전시마케팅
실무 가이드

김영서 지음

북랩 book Lab

글로벌 시장진출과 이를 위한 전시마케팅은 선택이 아닌 필수다

최근의 국내외 경영환경은 내수 시장에 의존해서는 성장은 물론 생존조차도 기대할 수 없는 상황으로 글로벌 시장진출 전략과 해외 전시회를 통한 전시마케팅은 이제 선택이 아닌 필수의 과제가 되었다.

지난 30여 년간 국내는 물론 해외에서 마케팅 활동과 전시회 개최 및 참가지원 업무를 수행하면서 겪은 바로는 많은 기업들이 해외 판로개척을 위한 마케팅 수단으로서 해외 전시회를 활용하고는 있으나, 전략의 수립이나 실행에 있어서 전시산업 선진국의 기업들에 비해 매우 뒤처진 현실을 실감하게 되었다.

성과를 내기 위한 나만의 마케팅 전략이나 사전 프로모션 활동의 필요성을 인식하지 못하여, 부스 내방객을 불러오는 것은 주최사가 해야 할 일이고, 꼭 필요하면 바이어가 알아서 찾아와야 할 것이라며 마치 천수답처럼 부스만 지키는 기업이 생각보다 많았다.

전시회장은 분야별 베테랑들의 격전장이라는 점과 비교적 많은 비용이 투입된다는 점에서 전시마케팅의 투자비용 대비 성과를 위해서는, 현재와 같이 스마트폰으로 전화만 하는 안타까운 현실이 계속되어서는 안 된다는 생각에서 그동안 연구하고 수집한 자료와 현장에서의 경험을 나누고자 책을 쓰게 되었다.

글로벌 시장진출을 위한 가장 효율적인 종합 마케팅 수단이 해외 전시회라는 나름의 결론을 갖게 되어, 전시마케팅에 관심 있는 기업과 개인을 위한 길잡이가 되기를 바라는 마음으로 국내외 전시회 현장에서 실무를 진행하며 겪은 경험을 바탕으로 고민하며 찾은 솔루션을 제시하고자 한다.

전시회를 통한 마케팅은 글로벌 시장진출을 위한 마케팅 활동에 통합되어 더욱 전략적인 검토와 노력이 필요하다는 점을 강조하고자 하였으며, 전시회 참가를 기획하는 사람은 물론 전시회 주최자와 전시산업에 관련된 이해관계자의 입장과 시각을 최대한 고려하였다.

본 책은 국내외 경영환경 변화와 마케팅 수단으로서의 전시회 기능에 대한 설명과 글로벌 시장진출을 위한 전시마케팅의 필요성을 설명하고 이어서 어떠한 방법으로 전시회 정보를 수집하여 왜, 어느 전시회에, 어떠한 전략과 준비가 필요한지 등 전시마케팅 성공을 위한 5가지의 필수 전략을 제시하였다.

아울러 전시회 참가를 결정한 이후, Action Plan의 수립에서부터 현장관리자 출장까지 6가지 필수 과제에 대한 실무지침을 현장 경험을 기초로 정리하여 제시하였으니 해외 전시회에 참가하는 모든 기업이 각각 나만의 차별화된 전시마케팅 전략을 수립하는데 적극 활용하길 바란다.

이 책의 내용은 이론을 말하는 것이 아니다. 그동안 현장에서 들었던 전문가들의 조언과 자료, 저자의 경험 등을 기초로 한 것으로 독자 여러분의 성공적인 전시마케팅을 위해 가야 할 길의 가이드이자 목표달성을 위한 디딤돌로 사용되어지기를 기대한다.

목차

1장

경영환경 변화와
중·장기 성장전략

왜 글로벌 마케팅인가?

세계시장 개방에 따른 경기변동성 확대 및 국내경제의 성장기반 약화로 중·장
기적 성장을 위한 전략으로서 글로벌 마케팅은 선택이 아닌 필수이고 기회이다.

세계시장 개방에 따른 경기변동성 증폭과 우리 상품의 해외시장 진출 가능성

FTA 체결 동향과 세계시장 개방

세계무역기구(WTO)에 의하면, 2016년 3월 기준 무역거래의 자유화를 목적으로 하는 다자지역무역협정(RTA, Regional Trade Agreement)은 총 427건이 발효 중이며 이 가운데 88.3%에 해당하는 377건이 1995년 이후에 발효되었다 한다.

우리나라는 2015년 말 EU 28개국, EFTA 4개국, ASEAN 10개국 등 다자간 42개국과 미국, 캐나다, 페루, 칠레, 콜롬비아 등 미주 지역 5개국, 인도, 중국, 터키, 호주, 뉴질랜드 등 52개국과 FTA를 체결하였다.

최근의 이 같은 시장개방을 위한 협약체결은 WTO가 추구하고 있는 세계적인 다자주의 무역자유화에 비해, 국가 및 지역간 FTA 체결에 따른 시장개방이 전체적인 생산성 향상에 도움이 됨은 물론 경제성장의 원동력으로 작용하는 것으로 평가되고 있기 때문이다.

아울러, 이러한 경쟁적인 FTA 체결에 따른 차별적 특혜 관세의 적용은 협약 미체결 주변 국가들에 비하여 국제 무역거래를 위한 가격경쟁력 우위의 효과를 가져다주기 때문에 각국 정부에서 경쟁적으로 협상을 진행하고 있는 상황이다.

구분	내용
FTA (Free Trade Agreement)	상품에 관한 자유무역협정(FTA) + 서비스 시장개방에 관한 협정(EIA: Economic Integration Agreement)으로 구성
PSA (Partial Scope Agreement)	개도국 간 경제 협력을 위한 지역 협정으로 일부 품목에 대한 제한적 자유화를 목표로 하는 협정
Customs Union	자유무역협정(FTA)보다 통합 수준이 높은 관세 동맹으로 회원국 간 자유무역 이외에도 역외국에 대한 공동관세 적용을 목표로 하는 협정

세계적 경기변동성 증폭

상품과 금융 및 서비스 시장의 세계적 개방은 국제간 무역 및 자본 거래를 확대하였다. 따라서 원유 및 주요 원부자재 수요와 가격 변동은 일부 생산국들의 소비감소와 투자위축은 관련 국가의 생산 및 무역거래와 금융시장에 영향을 주는 것은 물론, 세계적인 경기침체와 성장률 둔화 등 변동성을 증폭시키고 있다.

과거에는 특정 국가나 지역에 국한하여 영향을 주었던 경기변동의 요소가 이제는 이들 국가와의 자본과 상품의 거래관계가 많은 국가와 지역에 대한 영향을 시작으로 전 세계로 급속히 확산되어 세계경제 전체의 경기변동에 영향을 주고 있는 상황이다.

실제로 지난 1990년대 아시아 지역 개도국에서 발생한 외환위기는 해당국 경제에 타격을 주었을 뿐만 아니라 이들 국가에 대한 상품 및 자본의 투자비율이 높은 일부 선진국에 영향을 주어 세계적인 경기침체를 가져온 바 있다.

또한, 지난 2008년 미국에서 발생한 서브 프라임 모기지 사태로 인한 금융위기는 세계 굴지의 금융기업 파산과 글로벌 금융위기로 발전하였으며, 결국에는 2010년을 전후로 유럽 PIIGS 국가에서 발생한 재정위기의 단초가 되었고, 이에 따라 세계경제는 수요 위축에 따른 경기침체의 어려움을 겪고 있는 상황이다.

세계 경기 변동률(1995~2014)[1]

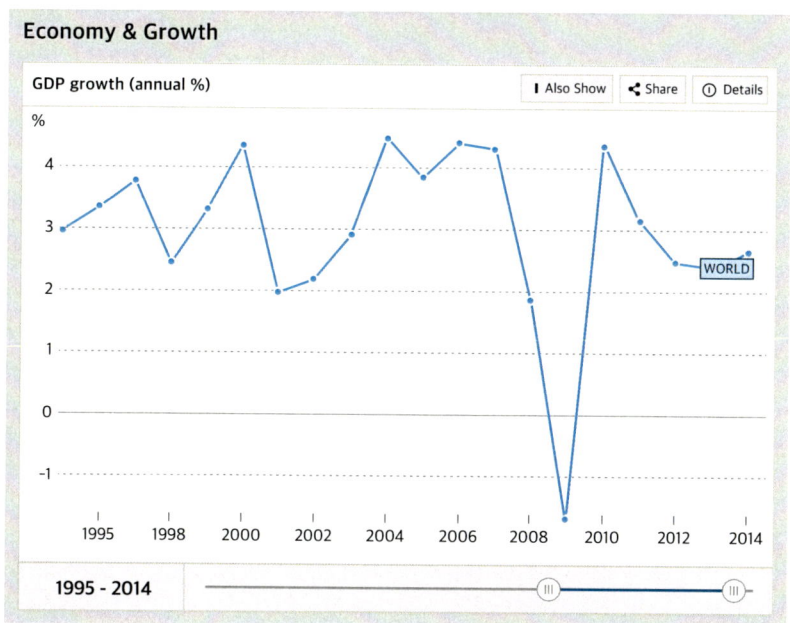

1 World Bank(http://data.worldbank.org/topic/economy-and-growth?locations=1W).

파생 금융상품(Financial derivatives) 시장

- 파생 금융상품은 국제간 자본이동 및 금융거래의 증가와 금융상품의 가격변동 폭의 확대에 따라 기초자산의 가치 변동에 따른 위험을 헤지(Hedge)하기 위한 상품임
- 거래기법에 따라 선도, 선물, 옵션, 스왑 등으로, 기초자산에 따라 통화, 금리, 주식, 신용 관련 상품 등으로, 거래 장소에 따라 장내거래와 장외거래 등으로 구분함
- 1970년대 시카고 상업거래소의 통화 선물의 상장, 시카고 옵션거래소의 주식 옵션거래의 표준화에 이어, 1980년대 파생상품의 거래가 확대되어 신종옵션(Exotic option), 구조화채권(Structured note), 신용파생상품(Credit derivative) 등이 등장함

국가 인지도 상승과 해외시장 진출 가능성

최근 들어 세계화에 앞장섰던 미국 등 선진국이 이제는 거꾸로 무역의 빗장을 걸어 잠그고 있다. 자국의 산업을 보호한다는 것이 그 명분이다. 과거에는 개발도상국에서 세계화에 반대하는 보호무역주의가 만연했었으나 지금은 정반대의 상황이 되었다.

세계무역 거래량은 2008년 글로벌 금융위기와 같은 예외적인 경우를 제외하면 정도의 차이는 있지만 매년 지속적인 증가세를 보여 왔다. 그러나 최근에는 무역거래량의 증가세가 둔화되었다기보다는 아예 멈추었거나 오히려 하락세를 보일 것으로 우려되는 상황이다.

최근 1년 사이에 가장 두드러지게 나타나고 있는 이러한 상황은 원자재 가격이나 환율 변동 등 경제 내적인 요소의 변화에 따른 것이라기보다는 세계경제를 주도하는 주요국가의 보호무역주의 강화로 인한 시장 환경의 변화에 따른 결과가 아닌가 생각된다.

그러나 우리나라 경제는 국내·외적인 수요 감소와 투자위축 등으로 전체적으로는 좋지 않은 상황임에도 불구하고, IT 분야에서의 국제적

인 인지도 상승과 지속적인 신기술 개발로 IT 기술이 융합된 모바일 디바이스 분야에서 괄목할 만한 성장을 이루었다.

또한, 한류 효과로 인하여 문화와 융합된 식품, 미용, 의류 등 생활 소비재 등에 대한 해외수요가 급증하여, 지난 2015년의 문화 콘텐츠와 소비재 및 관광 부문의 수출액은 70.5억 불로 전년보다 2.4% 증가하여, 전년대비 8.0%의 감소세를 보인 총 수출액과 큰 대조를 보이고 있다.

우리 상품에 대한 해외시장에서의 관심과 수요가 증가하고 있는 이러한 시장상황에서, 많은 중소기업들이 글로벌 시장에서의 강소기업으로 성장할 것으로 기대되며, 당분간 우리나라의 수출과 경제발전의 견인차 역할을 하게 될 것이다.

신보호무역주의 움직임

- 최근 한국산 제품에 대한 수입국 무역 제한 조치는 총 184건
  - 국가별: 인도 32건, 미국 22건, 중국 11건 등
  - 조치별: 반덤핑 규제 125건, 긴급 수입제한 세이프 가드 52건, 상계 관세 7건
- 미국의 철강 및 금속 제품에 무역구제 조치 19건
  - 국제무역위원회(ITC)는 한국산 내부식성 도금판재류에 대한 최대 48%의 반덤핑관세 부과
  - 상무부는 포스코와 현대 제철에 대한 각각 58.4%, 3.9%의 상계관세 부과
- 중국의 통관거부 및 수입제한 조치(2009~2015년간)는 각각 887건, 681건
  - 2000~2008년간 249건 대비 위생관련 통관거부 건수는 3배 이상 급증
  - 자국만의 인증제도 적용에 따른 수입제한 건수는 2000~2008년간 507건에서 34% 이상 증가

국내경제 잠재성장률 저하

최근 우리나라의 경제규모가 세계 10위권에 진입하고 연간 경제성장률은 연간 3%대의 한계를 접하게 되면서, 내수시장에 의존하는 기업은 더 이상 소비트렌드와 흐름을 특별하게 잘 타지 않는 한 성장은 물론 존속 자체도 버거운 목표가 되어버린 실정이다.

우리나라의 연평균 경제성장률은 지난 1980년대 8.6%를 시작으로 1990년대 6.7%, 2000년대 4.4% 등으로 지속적으로 감소하는 추세를 보여 왔으며, 최근 10여 년간은 3%대까지 떨어지면서 이러한 경제상황은 세계적인 경제 및 무역환경의 변화와 함께, 우리 경제의 잠재성장력 저하 때문인 것으로 분석되고 있다.

이러한 저성장 기조는 일시적인 현상이라기보다는 경영환경의 변화에 따른 기업의 투자 위축과 가계의 소비심리 저하 등과 함께, 저출산, 고령화 등 우리 경제의 구조적인 변화로 인한 문제라는 인식이 보편화되고 있다.

앞으로 우리 경제는 양적인 성장보다 질적인 성장에 중점을 두어야 할 것이며, 또한 이러한 성장과정이 바로 진정한 의미의 선진국으로 진입하는 단계인 것으로 해석되어야 할 것이다.

우리 경제의 잠재성장률/실제성장률 동향(2001~2018)[2]

기간(년)	잠재성장률	실제성장률
2015~2018	3.0~3.2	
2011~2014	3.2~3.4	3.0
2006~2010	3.8	4.1
2001~2005	4.8~5.2	4.7

취약한 경제구조

우리 경제의 지속적인 성장에 장애가 되고 있는 것은 잠재성장률 저하와 부족한 원부자재 수급과 제한된 시장규모로 인한 대외 무역거래가 필수적인 경제 환경, 그리고 국내 산업생산의 대기업 비중과 의존도가 과도하게 높은 점 등이다.

우리나라의 GDP 대비 경상수지 비중은 네덜란드와 노르웨이 등과 같이 약 10% 내외의 수준으로, 대외적인 무역환경의 변화에 매우 민감한 상황이다. 이에 따라 우리나라의 경제성장은 무역거래량 비중이 높은 일부 국가의 경제정책이나 정치 및 사회 분위기 변화에도 쉽게 영향을 받고 있다.

한편, 지난 1950~1960년대부터 계속되고 있는 대기업 의존적 산업 생태계는 최근 소수 대기업으로 더욱 심화되고 있으며, 삼성전자와 현대자동차 등 2개 대기업과 10대 기업 매출액이 우리 경제의 총 GDP에서 차지하는 비중이 각각 20%와 50%를 초과하는 실정이다.

---

2 우리 경제의 성장잠재력 추정결과(2016.1, 한국은행).

특히, 블룸버그 조사에 의하면, 삼성전자는 지난 2014년 매출 기준으로 우리 경제 총 GDP의 13.83%를 차지하여 전 세계적으로 국가경제의 의존도가 가장 높은 기업인 것으로 나타났다.

이제부터는 일부 기업의 경영활동 성과의 변동이나 위기상황은 더이상 해당 기업만의 문제가 아니다. 《포춘》지 선정 500대 기업의 평균 생존기간이 40년이라는 맥킨지 보고서 내용을 감안하면, 우리 경제의 대내외 위험 노출도는 매우 심각한 상황이다.

국가경제 GDP에 대한 특정기업 의존도 현황(2014년 기준)[3]

순위	업체명	GDP대비 매출비율(%)	국가경제 GDP(USD)
1	삼성전자	13.83	한국 (1조 4169억)
2	BP	12.01	영국 (2조 9451억)
3	가스프롬	7.97	러시아 (1조 8574억)
4	엑소르	7.56	이탈리아 (2조 1479억)
5	토탈	7.45	프랑스 (2조 8468억)
6	폭스바겐	6.97	독일 (3조 8595억)
7	방코산탄데르	6.83	스페인(1조 4068억)
8	페트로브라스	6.10	브라질 (2조 3530억)
9	도요타	5.39	일본 (4조 6163억)

---

3 국제통화기금.

제조업 생태계의 변화

지난 50여 년간 우리 경제는 건설, 선박, 자동차 및 전기·전자 등 대규모 생산설비를 기반으로 하는 제조업의 주도하에, 연간 10%대의 높은 경제성장률을 시현하여 왔으나, 최근에는 서비스 산업의 비중의 확대됨에 따라 전후방 연관 산업은 물론 노동시장 등 제조업 생태계에 변화가 일고 있다.

상대적으로 기업 간의 경쟁이 치열한 자동차 및 전자 분야와 노동집약적 산업인 섬유산업 분야는 국내의 물가 및 인건비 상승에 대한 원가절감과 가격경쟁력 확보를 위한 경영전략의 차원에서 산업설비의 해외이전이 불가피한 실정이다.

특히, 노동 집약형 산업이나 단순 조립형 산업은 저렴한 인건비를 기반으로 베트남을 비롯한 동남아지역이 주요 이전 대상지역으로 부상하고 있으며, 최근 인건비가 급격히 상승하고 있는 중국은 첨단산업이

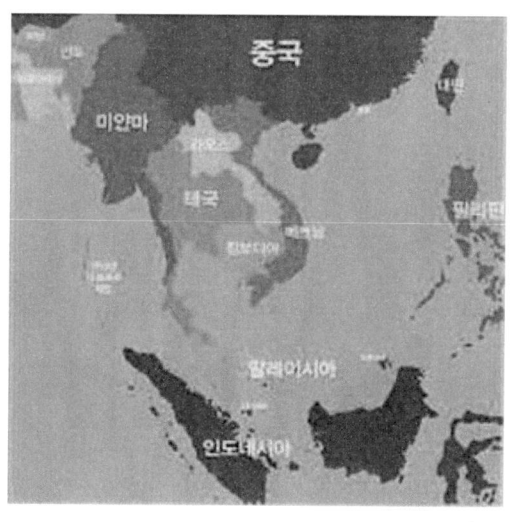

나 고부가가치 산업 생산기지로의 업그레이드가 진행되는 상황이다.

이들 국가들은 제조업 투자유치를 위한 비즈니스 환경 개선은 물론이며, 역내 및 역외국과 활발한 자유무역협정 체결을 통한 원산지 규정 및 특혜관세 제도를 활용하여 자국으로의 생산설비 이전을 한층 더 가속화시키고 있다.

아울러, 국내 주력기업의 이전은 부품 및 용역 공급업체의 이전을 동반함에 따라 국내 제조업의 공동화와 고용시장의 축소에 따른 실업률의 증가로 국내 경제의 소비 및 투자 기반은 점점 취약해져 가는 상황이다.

우물 안 개구리는 더 이상 성장이 어려우며 글로벌 시장진출은 선택이 아닌 필수

대내외 경영환경 변화

우리 경제의 구조적 변화에 따른 잠재성장률의 저하는, 현실적으로 이를 반전시킬 만한 특별한 변화를 기대하기 어려운 실정이다. 따라서 세계시장의 개방에 따른 경제영역 확대의 상황에서 글로벌 시장진출은 우리 경제와 기업의 지속적인 성장을 위한 필수 과제이다.

이러한 대내외적 경영환경의 변화로 국내 매출액 비중이 높은 기업일수록 소비 수요의 변동에 따른 위기에 처하게 될 것이다. 따라서 더 큰 시장이나 앞으로 더 클 시장을 대상으로 하는 글로벌 마케팅은 생존과 성장을 위한 불가피한 선택이며, 적극 활용해야 할 기회이기도 하다.

또한, 많은 경쟁자가 참여하는 글로벌 시장에서 살아남기 위해서는, 해당 분야의 새로운 기술 및 제품개발 동향에 대한 예의 주시와 보다 빠른 예측과 대응으로 상품과 서비스의 기술 및 품질 향상과 경쟁력 우위를 확보하기 위한 노력이 필요하다.

최근 세계적인 라이프스타

일의 변화에 따라, ICT 기술을 융합한 산업용 또는 가정용 디바이스 제품과 개인의 삶의 질 향상을 위한 미용과 건강 및 웰빙 제품에 대한 시장수요는 지속적으로 확대되고 있어, 우리 기업의 글로벌 시장진출에 좋은 기회가 될 것이다.

중·장기적 성장을 위한 과제

글로벌 시장진출은 중·장기적 성장을 위한 안정적 시장기반 구축을 위한 필수 과제로서, 가장 먼저 해당 산업 및 제품에 대한 세계시장 동향과 수출입 통계 분석을 통한 목표시장 설정과 마케팅 전략 수립을 위한 SWOT(Strength, Weakness, Opportunity, Threat) 분석이 선행되어야

글로벌 시장진출에 성공한 강소기업의 전시부스

한다.

대내외 환경 및 강약점 분석을 통한 경쟁우위 요소를 발굴하는 것은 목표시장 진출을 위한 경쟁력 있는 제품 및 기술의 개발과 포지셔닝을 위한 마케팅 전략을 수립하는 기반이 되는 것이며, 이를 위해서는 목표시장에 대한 충분한 이해가 필수적이다.

제도와 문화가 다른 시장에 대한 마케팅을 위해서는 해당 상품의 시장규모와 경쟁 상황, 유통구조 및 채널, 상품수입 통관제도, 거래 및 유통을 위한 형식 승인 및 허가, 관세 및 부가가치세 규정 등에 관한 사전 조사 및 확인이 필요하며, 현지 상관습에 대한 이해와 언어 구사 등은 기본사항이다.

해외시장에서의 브랜드 이미지 및 시장 확보를 한 후에 국내 시장에 진출하는 부메랑 방식의 글로벌 마케팅 전략도 검토할 만하다. 이러한 전략은 제품이나 기술면에서 국제적인 경쟁력을 이미 확보한 글로벌 강소기업이나, 대기업 출신의 글로벌 마케터와 함께하는 중소기업이 선택 가능할 것이다.

해외시장 개척을 위한 마케팅 수단

우리나라 정부에서는 해외시장 개척을 지원하기 위한 다양한 자금 및 마케팅 활동 지원정책을 추진하고 있다. 중앙정부는 물론 최근에는 지방정부 및 산하기관과 산업별 단체에서도 각종 정보서비스 제공과 자금지원 등 다양한 해외마케팅 지원 프로그램을 개발하여 시행하고 있다.

국내에서의 지원 프로그램은 무역 및 해외시장 정보와 인콰이어리 서비스, 바이어와의 만남을 주선하는 매치메이킹 상담 및 전시회, 온라인을 통한 직거래를 위한 e-Marketplace 플랫폼 서비스 등이 있으며, 해외에서는 해외세일즈 출장이나 무역사절단, 세일즈 렙(Sales Rep) 및 지사화 서비스, 온라인 화상 상담 등을 지원한다.

아울러, 금융기관을 통한 기술 및 제품 개발 등을 위한 금융 및 자금 지원, 환율 변동과 수출대금 미회수 등의 리스크 헤지를 위한 보험가입 서비스 등이 있으며, 국내외 외국 수출입 유관기관을 통해서도 해외 기업 및 시장정보, 바이어 및 인콰이어리 정보 서비스 이용이 가능하다.

최근 들어, 판매자와 구매자 간의 Marketplace인 전시회는 산업 및 분야별 세분화를 통한 전문성 강화와 국내외 해당 분야의 다수 기업이 참가하는 국제화의 진전으로, 글로벌 시장진출을 위한 참가업체는 물론, 솔루션을 찾는 내방객을 위해서도 가장 효율적인 마케팅 수단으로 활용되고 있다.

해외마케팅 수단에 대한 선호도 현황[4]

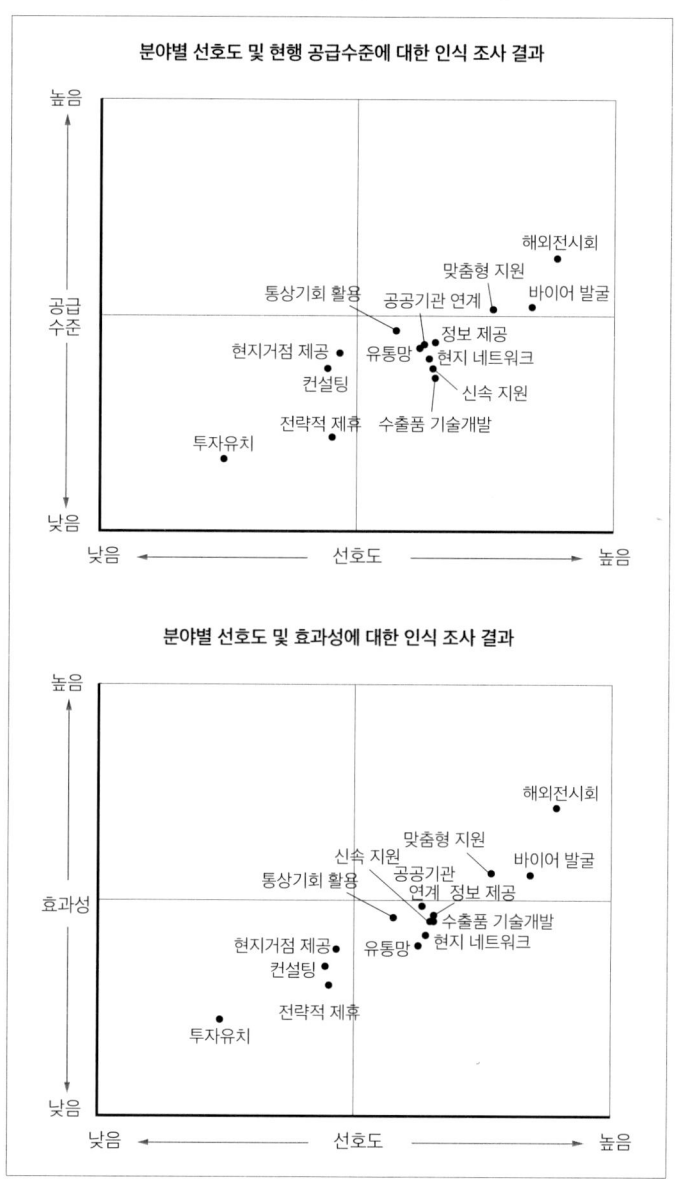

분야별 선호도 및 현행 공급수준에 대한 인식 조사 결과

분야별 선호도 및 효과성에 대한 인식 조사 결과

---

4 해외 전시 사업 개편안 수립 연구 용역, 2015, 갈렙앤컴퍼니.

해외전시회 현장

2장

글로벌 시장진출과 전시마케팅

글로벌 시장진출을 위한 가장 효율적인 마케팅 수단은?

바이어와 판매자가 만나는 전시회는 글로벌 시장진출을 위한 교감과 신뢰를 바탕으로 하는 가장 비용 효율적인 One-stop 종합 마케팅 수단이다.

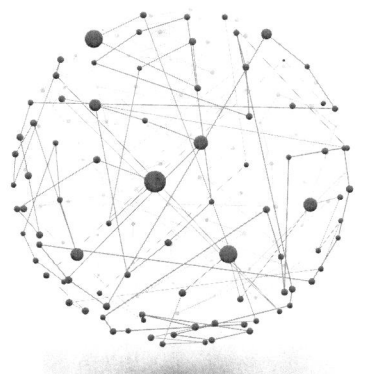

2-1 국내외 전시산업 동향

글로벌 전시산업의 경쟁적 시장환경과 국내 전시산업의 취약한 생태계

경쟁적 시장환경과 글로벌 전시산업의 지속적 성장

글로벌 전시산업의 시장규모는 2014년에 280억 불을 달성한 이래 연 4~5%대의 견고한 성장세를 유지하여 왔으며, 오는 2018년까지 연 5%대의 지속적인 성장이 전망되고 있다.

이러한 전시산업의 지속적인 성장은 다른 산업에 비해 높은 수익률 매력이 있기 때문이다. 통상적으로 1년여 전에 납부하는 전시회 참가비 예치금 제도로 인한 확실한 Cash Flow와 동일한 전시회에 대한 65~85%에 이르는 참가업체 재참가율에 따른 중·단기 수입의 예측 가능성이 가장 큰 요인인 것으로 분석된다.

아울러, 현재의 세분화된 전시산업을 통합하기 위한 노력도 이러한 지속적인 성장에 영향을 주는 것으로 알려져 있으며, 최근 NEC, Advanstra, Nielsen Expositions 등의 전시장 및 주최사의 소유자가 바뀌는 등 전시 산업에서의 기업 간 인수 합병이 활발히 진행되고 있다.

지역별로는 비교적 성숙단계에 있는 유럽지역의 전시산업은 이머징 시장에 비해서는 낮은 성장률을 보이고 있으나 견고한 시장규모와 성장세를 유지하고 있다. 특히 가장 도전적인 주최자 시장인 이탈리아와 영국은 오는 2018년까지 각각 연평균 3%와 2%의 성장률이 전망

되고 있다.

최근에는 글로벌 유명 전시회에 비하여 BRICs와 동남아 신흥 거대 시장을 목표로 한 로컬 전시회의 성장세가 부각되고 있다. 대륙별 상거래 및 교통의 중심지인 두바이, 홍콩, 라스베이거스 등에서 개최되는 전시회들도 괄목할 만한 성장세를 나타내고 있다.

산업 및 문화의 발전에 따라 신속하게 대응하며 변화하는 글로벌 전시산업은 산업분야별 전시 분야의 세분화와 함께 전기 및 전자, 기계 및 자동차 등 전통적 제조 산업의 IT 기술 융합을 통한 신기술과 제품 개발로 Matrix 및 Connected 등 전시 분야의 다양화가 진행되고 있다.

세계전시산업 지역별 매출현황[5]

지역별	비중
미국	50.0%
이머징 마켓	23.1%
EU	20.1%
영국	6.8%

---

5 UBM 2014 annual report.

전시산업을 주도하는 Global Show Organizers

글로벌 전시산업을 주도하는 영국, 독일, 이탈리아, 미국 등 전시산업 선진국 30여 Global Show Organizers의 연 매출액 규모는 2015년 기준 1억 유로를 초과하는 수준으로, 전시분야별 또는 지역별로 시장독점을 위한 해외시장 진출이 경쟁적으로 진행되고 있다.

전시산업이 성숙한 시장에 대해서는 전시회의 새로운 가치를 창조하기 위한 프로그램이나 포맷을 개발하는데 집중하고, 이머징 시장에 대해서는 목표시장 진출과 성장을 위한 최적의 경쟁전략을 모색하는 등 시장의 전시산업 성숙도에 따라 전략을 이원화하는 것으로 알려져 있다.

지역별 진출현황을 보면 호주, 일본 및 동남아시아 지역은 Reed Exhibitions와 UBM, UAE와 중동 및 아프리카 지역은 Informa Exhibitions, 중국과 인도는 Deutsche Messe, 러시아와 동유럽 지역은 ITE 등의 진출이 돋보인다.

이들 국가 및 지역에 대한 진출은 참가업체 및 참관객의 일정 부분을 현지에서 유치할 가능성과 전시산업의 시장 잠재력을 가장 우선적으로 고려한 것으로 보인다.

진출 초기에는 대상국의 전시장이나 전시회를 주최사 또는 협·단체 등을 대상으로 협력 및 에이전트십 계약이나, 단독 또는 합작 투자를 통한 현지법인의 설립 또는 기업의 인수합병 등의 형태로 진출하여 왔으나, 최근에는 현재 개최중인 유명 전시회를 그대로 복제하여 장소만 이동하여 개최하는 클론 방식으로도 많이 진출하고 있다.

Global Show Organizers(2015년 매출액 1억 유로 이상)[6]

Turnover of Exhibition Companies worldwide (more than Euro 100 million)

	2015	2014	2013
Reed Exhibitions (GB)	1,183.0	1,104.0	1,017.0
UBM plc (GB)	855.5	561.1	546.0
Messe Frankfurt (D)	647.8	554.2	544.8
GL events (F)	456.0	409.8	397.7
MCH Group (CH)	384.5	373.6	385.5
Informa (GB)	356.1	248.7	196.0
Fiera Milano (I)	337.3	245.5	245.1
Deutsche Messe (D)	329.3	280.6	312.0
Koelnmesse (D)	321.2	231.2	280.6
Messe Düsseldorf (D)	302.0	411.5	322.9
VIPARIS (F)	283.0	303.8	297.4
Emerald Expositions (USA)	281.0	225.4	132.9
Messe München (D)	277.4	309.4	353.0
Messe Berlin (D)	242.0	269.4	187.6
HKTDC (HK)	223.1	172.8	163.4
Coex (ROK)	217.0	163.1	139.0
i2i Events Group (GB)	204.0	177.3	145.3
NürnbergMesse (D)	203.7	228.7	192.8
ITE Group (GB)	183.1	223.7	229.4
Tokyo Big Sight (JP)	n/a	159.5	140.8
Fira Barcelona (E)	148.0	152.6	117.8
Jaarbeurs Utrecht (NL)	133.3	131.6	140.9
Svenska Mässan Göteborg (S)	128.9	97.4	88.0
dmg :: events (GB)	128.1	128.0	103.8
Amsterdam RAI (NL)	126.2	119.7	116.6
BolognaFiere (I)	119.0	120.0	109.9
Tarsus Group (GB)	117.9	77.4	90.9
SNIEC Shanghai (CN)	115.7	139.0	116.6
Landesmesse Stuttgart (D)	115.0	137.0	98.8
Comexposium (F)	108.5	129.3	117.5
Artexis Group (B)	107.0	92.8	94.0

6 AUMA.

국가별로는 영국의 기업은 목표시장에 대한 사전조사와 네트워킹을 통한 마케팅 전략에 중점을 두고 있으며, 독일, 프랑스, 이탈리아 등은 Venue 기반의 유명 전시회에 대한 시스템 복제의 클론 방식에, 그리고, 미국은 산업별 협·단체 주도로 유관기관과의 국제적인 네트워킹을 활용한 공동 또는 협력개최에 초점을 맞추는 것으로 보인다.

이러한 해외시장 진출의 원동력은 축적된 참가업체 및 참관객 데이터베이스, TPO(Trade Promotion Organization), 협·단체 등과의 파트너십 및 공조 네트워킹, 목표시장의 산업 및 클러스터 동향에 대한 정확한 시장조사와 향후 전망에 대한 예측, 그리고 지속적인 R&D 노력 등의 결과인 것으로 분석된다.

급성장하는 BRICs 중심 신흥시장 전시산업

BRICs와 GCC 지역을 중심으로 한 신흥시장은 전시산업 선진국으로부터의 자본 투자와 전시마케팅 기법의 전수 등으로 전시 인프라의 확충과 선진화가 진행되고 있으며, 현지 시장진출을 위한 전시회 수요가 확대됨에 따라 글로벌 시장을 목표로 하는 유명 전시회가 급성장하고 있다.

최근의 세계무역 거래량 감소에 따른 신흥 거대시장의 부상으로 중국, 인도, 러시아, 브라질, 멕시코, 호주, 베트남, 말레이시아 등에 대한 Global Show Organizer들의 시장진출이 경쟁적으로 진행되고 있다. 특히, 중국의 전시산업 시장은 이미 영국과 프랑스의 시장규모를 초과하여 세계 3대 시장으로 자리 잡은 상황이다.

BRICs

신흥시장의 전시산업은 경제규모에 비하여 훨씬 선진화되어 TPO
(Trade Promotion Organization)나 Venue 주도하에 전시인프라 선진화,
Marketplace 프로그램 활성화를 위한 국제간 네트워킹, 산업별 클러
스터를 중심으로 한 공조 등을 통하여 발전을 거듭하고 있다.

그러나 단기간에 급성장함에 따른 후유증과 문제점 또한 노출되고
있다. 주로 대규모의 전시회가 개최되는 중국은 시장경쟁이 과열된 상
황이며, 브라질과 홍콩은 전시회별 참가수요 대비 전시면적이 부족하
고, 인도는 전시회 개최수요 대비 전시장 인프라가 부족한 실정이다.

이 밖에도 러시아는 관료주의와 특별한 정치 및 문화 환경, GCC 지
역은 전시인프라를 갖춘 두바이로 선택의 기회가 제한적인 점, 멕시코
는 전시회 관련 기관의 통제 및 제한과 치안문제, 그리고, 터키는 이스
탄불 단 하나 도시에 집중적으로 전시회가 개최되고 있다는 점이 지
적되고 있다.

천수답형 국내 전시산업 시장환경

지난 70년대부터 현재까지 정부기관이 주도하고 있는 국내 전시산업은 비경쟁적 시장환경과 대기업 중심 산업구조의 특성으로 국제화를 통한 유망 전시회 개최에 필요한 분야별 국내 참가기업의 부족으로 전시산업 선진국의 기술 및 자본 유치 요인이 제한된 열악한 상황에서 답보적인 발전만을 거듭하고 있다.

전시회를 주최하거나 전시회 참가를 주관하는 공공기관은 물론, 참가하는 업체까지도 모두 천수답과 같은 상황이다. 사업계획의 수립이나 예산의 편성과 배정, 실무 수행을 위한 지원 과제와 범위 등에 대해서도 모두 정부의 일방적인 결정에 따르며, 하늘에서 비가 내리듯 정부의 지원만을 기다리며 주는 그대로 수용만 하는 상황이다.

그럼에도 불구하고, 기업들은 글로벌 시장진출을 위한 해외 전시회의 기능과 효과를 인식하며, 글로벌 시장진출을 위한 마케팅 수단으로서 가장 선호하고 있다. 그러나 한편으로는 과도한 비용 부담, 적합한 전시회 발굴의 어려움, 전담 인력 부족, 전시 정보 부족, 전시 노하우 부족 등의 애로사항을 겪고 있는 것으로 조사되었다.

현재와 같은 Copy&Paste 수준에서 탈피하기 위해서는, 국내 전시산업의 생태계 조성과 경쟁적 시장환경 조성을 위한 제도개선이 매우 시급한 실정이다. 이러한 개선을 바탕으로 국내의 많은 기업의 참여와 전시회 개최 및 참가에 관한 경쟁적인 R&D와 투자가 이루어진다면, 우리나라의 전시산업이 한 단계 업그레이드할 것이다.

기업규모별 해외 전시회 참가 애로사항[7]

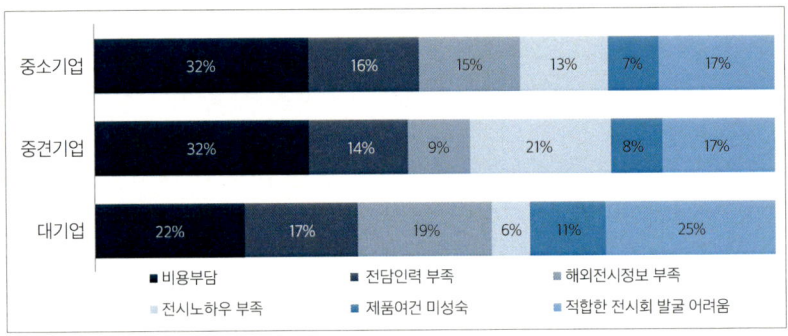

7 해외 전시 산업 개편안 수립 연구 용역, 2015.1, 갈렙앤컴퍼니.

2-2 전시회의 Marketplace 기능과 진화 발전

판매자 및 구매자 간 만남의 장인 전시회의 마케팅 기능 진화 발전

시대변화와 전시회의 변천

오래전부터 자연적으로 발생한 전시회는 판매자와 구매자를 연결하는 만남의 장으로서, 경제 및 문화 환경의 변화에 따른 필요한 모양과 역할로 변화·발전하여 왔다. 특히, 오늘날의 전문 비즈니스맨을 대상으로 하는 전문전시회는 학술 모임에 기원을 두고 있는데, 모임과 토론을 위한 보조 수단으로서 간단한 실물 전시를 병행하여 왔다.

인터넷이 급속히 확산되기 시작한 2000년대 초에는 가상공간을 이용한 사이버 전시회가 주목을 받으면서 실물 전시회를 대체할 것이라는 의견이 확산되었던 바 있으나, 결국은 감정의 교류와 신뢰를 위한 Face-to-face 커뮤니케이션의 중요성이 부각되면서, 네트워킹과 정보교류를 가능케 하는 보조 수단으로서 사용되게 되었다.

또한 인터넷과 유·무선 통신수단의 발달에 따라 웹과 모바일을 기반으로 하는 디지털 방식의 메시지 교환이 활성화되면서, 전시회는 부스운영을 통한 세일즈와 마케팅 활동뿐 아니라 시장 조사 및 홍보 활동을 위한 경제성과 효율성이 증명된 가장 효율적인 마케팅 수단으로 확고하게 자리잡게 되었다.

전시회는 그 기능과 개최 목적에 따라, 국가간 경제 및 문화 홍보를 위한 Expo와 상업적 목적의 일반인에 대한 홍보를 위한 대중전시회

(Public Show), 전문 비즈니스맨들을 위한 전문전시회(Trade Show), 그리고 모든 내방객을 위한 혼합전시회(Mixed Show) 등으로 구분한다.

아울러, 전문전시회는 정보 교류를 위한 세미나 및 심포지엄을 병행 개최하는 것이 일반화되었고, 전시품목의 세분화와 프로그램의 전문화가 진행되고 있다. 일반전시회나 혼합전시회도 체험 프로그램이나 전문 비즈니스맨을 대상으로 하는 별도의 출입 기간이나 시간대를 설정하여 운영하는 등 변화가 지속되고 있다.

과거 전시회 풍경

전시회의 Marketplace 기능

전시회는 판매자와 구매자를 위한 만남의 장으로서 각자의 필요에 따라서 목표를 가지고 역할을 다하는 곳이다. 이들은 홍보와 마케팅, 시장동향에 대한 이해와 솔루션 탐색 등 각자의 목표를 위해 자발적으로 시간과 돈을 투자하여 참여한다.

전시분야별로 선택된 시장을 보여주는데 초점을 맞추고 투명한 거래를 보장하고 촉진하는 Marketplace로서 행사에 참여하는 모든 사람들 간에 가격 및 기술 정보의 용이한 교환 및 수집을 위한 환경을 제공하고, 또한 흥미로운 경험과 감각에 어필하는 기회를 제공한다.

전시회를 찾는 내방객은 사전에 전시회 공식 홈페이지를 통하여 관심 있는 제품이나 기술을 전시하는 기업을 확인한 후, 현장을 방문하여 제품 및 정보에 대한 확인과 상담을 통하여 원하는 비즈니스 솔루션을 찾는 외에도 시장동향이나 트렌드에 대한 정보를 수집하는 데 목표를 두고 있다.

전시회는 내방객에게 3차원적인 환경에서 오감을 통한 체험의 기회를 제공함으로써, 거래를 위한 영향력이 비교적 오래 지속되며, 대면 접촉을 통한 확신과 신뢰를 기초로 하는 신속한 구매 의사 판단을 가능케 한다. 또한, 동일한 장소에서 경쟁사를 접촉하여 비교할 수 있는 기회가 되어 신속한 구매를 위한 의사결정을 유발할 수 있다.

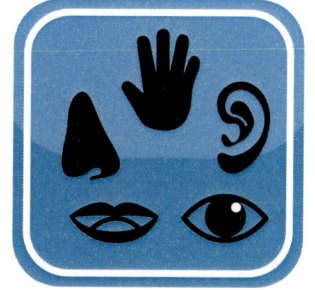

전시회에 참가하는 업체는 기업 및 제품의 홍보와 거래상담 진행을 주된 목표로 하여, 내방객과의 네트워킹 확대를 통한 잠재 바이어 발굴과 신제품 출시를 계기로 새로운 분야와 상품의 시장을 열어 가는 테스트 마켓으로 적극 활용하고 있다.

아울러, 전시회를 계기로 해당 지역의 세일즈 렙(Sales Rep)이나 수입상, 도·소매상 등 기존 거래선들이 한자리에 모이는 것을 기회로 세일즈 전략에 관한 모임을 개최함으로써 거래선 간의 교류는 물론 효과적인 정보 교환을 통한 전략수립과 조정 효과 또한 매우 큰 것으로 평가된다.

전시회를 통한 마케팅 효과

전시회는 내방객들이 각자의 목표를 위하여 자발적으로 찾아오는 곳으로, 참가업체에게는 그동안 원하지만 만날 수 없었던 바이어를 만날 수 있게 됨으로써 잠재 고객을 대상으로 하는 현장 체험과 웹과 모바일을 기반으로 하는 커뮤니케이션 수단을 활용하여 마케팅 효과를 높일 수 있다.

참가업체와 내방객 수가 일정 수준 이상에 도달한 전시회는 이미 인지도가 확보되어, 전시회를 플랫폼으로 활용한 광고 및 홍보활동은 기업의 독립적인 활동에 비하여 훨씬 효과를 극대화할 수 있으며, 특히 대중매체를 통한 광고 및 홍보활동과 세일즈 콜 등 전통적인 마케팅 수단들과 결합하는 경우에는 시너지 효과가 더욱 클 것이다.

유명한 전시회일수록 신제품을 출시하거나 기존 거래선, 신규 고

객과의 첫 만남을 갖는 기회를 보다 많이 제공하며, 세일즈 콜 횟수를 최소화하여 인력과 경비를 절감할 수 있는 가장 비용 효율적(Cost-efficient)인 마케팅 수단으로 주목받고 있다.

미국 CEIR의 조사 결과에 따르면, 전문전시회에 대한 내방객의 90%가 구매를 위한 의사결정권자라고 한다. 이 가운데 83%는 구매에 영향을 주는 것으로 나타나 전시회 참가를 통한 마케팅은 상대적으로 쉽게 수십, 수백 명의 바이어를 만나는 효과가 있음을 강조한다.

글로벌 전시산업의 경쟁적 생태계는 세계화에 따른 시장개방과 마케팅 수단에 대한 수요 등의 환경 변화에 대해 신속히 대응함으로써, 전시회의 마케팅 효과를 높이기 위한 전시회 프로그램 차별화와 콘텐츠 개발이 과거 어느 때보다 경쟁적으로 진행되고 있는 상황이다.

마케팅 기능의 진화 발전

기술의 발달에 따라 진화를 거듭하고
있는 전시회의 마케팅 기능은 통신 및
디지털 기술과의 접목으로, 데이터 등록
및 관리의 효율적인 수행을 가능케 하는
새로운 포맷의 개발, 참가업체 및 내방객에 대한 웹·모바일 기반 프로그램 지원, 비즈니스 매칭을 위한 시스템 및 이벤트 등이 일반화되고 있다.

정보통신, 보건의료, 소재 및 환경 분야의 전문전시회는 전시상담 이외에 세계 각국의 전문가들 간의 의견 교환과 합의를 필요로 하는 기술의 표준화와 통합을 위한 부대행사 개최가 일반화되어, 새로운 과학 기술과 연구결과를 소개하고 정보를 교환하기 위한 세미나, 컨퍼런스 활동이 매우 활발하게 이루어지고 있다.

UFI 로고

전시분야 전문 국제기구인 UFI(The Global Association of the Exhibition Industry)는 글로벌 유명전시회와 지역별 유망 로컬 전시회를 대상으로 한 인증 활동을 통하여 전시회 주최사가 발표하는 참가업체 및 내방객 수와 같은 성과와 관련된 주요 데이터에 대한 대외적 신뢰도를 크게 향상시켰다.

전시회 주최사는 과거보다 C 레벨 내방객을 유치하는데 포커스를 맞추어 활동하고 있으며, 전시 분야별 혁신적인 기술 및 디자인 제품을 선정하여 언론을 통한 홍보활동과 내방객을 대상으로 하는 특별 전시코너를 마련하는 등 활동 범위를 확장하여 나가고 있다.

또한, 전시분야 산업동향과 트랜드를 제시하고, 분야별 First Mover 의 새로운 제품과 기술을 발표하는 Keynote Speech 이벤트는, 언론 사의 협조와 지원을 받아 전시회 개막 전일 개최되고 신문 및 방송을 통해 실시간으로 국내외 대중에게 전달됨으로써, 참가업체는 물론 내 방객의 흥미와 관심을 유도하는데 크게 기여하고 있다.

글로벌 시장진출을 위한 One-stop 종합 전시마케팅

글로벌 시장진출과 전시마케팅

글로벌 시장진출은 이미 선택이 아닌 필수 조건인 상황이다. 세계 10위의 경제규모에도 불구하고 우리나라에서는 아직까지도 이렇다 할 국제적인 유망 전시회가 개최되지 못하는 실정이기에, 자발적으로 찾아오는 바이어와의 Face-to-face 만남의 기회가 주어지는 해외 전시회의 적극적인 활용이 요구된다.

성공적인 글로벌 시장진출을 위해서는 영업전략과 통합된 구체적인 전시마케팅 목표를 설정하며, 고객을 대상으로 하는 개별적인 마케팅 활동보다는 유명 해외 전시회 참가 활동을 통해 기업과 제품을 홍보하여 국제적인 인지도 향상과 동시에 해외 판로를 개척하는 전략이 필요하다.

해외 전시회에 대한 참가는 기업의 마케팅믹스 전략의 하나로서 중·장기적인 경영 및 투자 전략의 관점에서 검토되어야 한다. 과거 전시회 참가업체 및 내방객 프로필을 통한 마케팅 커버리지 현황과 전시회 프로그램의 목표시장 진출을 위한 유효성 또는 활용 가능성에 대한 검토가 필요하다.

아울러, 효과적인 전시마케팅을 위해서는 기업내부의 역량과 개최시기 및 장소 등을 고려하여 권역별로 참가대상 글로벌 및 로컬 전시

회를 선정하고, 각 전시회에 대한 심층 조사를 바탕으로 참가목표 설정과 이를 달성하기 위한 구체적인 추진전략을 수립하여야 할 것이다.

전시마케팅은 세일즈 리드 발굴과 기업 및 제품 이미지 홍보, 산업 및 시장동향 조사, 신제품 마케팅, 유관기관과의 네트워킹 등 모든 활동이 한자리에서 가능한 가장 효율적인 마케팅 수단이다. 아울러 고객관리는 물론 경쟁사 및 협업사와의 만남을 통한 정보수집과 벤치마킹을 위한 기회로 활용하여야 할 것이다.

전시마케팅 활용 수단

전시회 참가업체는 행사가 개최되는 3~4일간 신제품을 출시하거나 기존 거래선 및 신규 고객과의 만남의 기회로 활용함은 물론, 시장 조사, 홍보, 광고, 기타 네트워킹 등을 통한 구체적인 목표를 정하고 이를 위한 마케팅 활동을 진행한다.

전시회는 판매자와 구매자 간 또는 경쟁사 및 협력자 간 만남의 장으로서, 특정한 장소 및 시간을 정하여 자유로운 내방을 유도하여 상담을 통한 새로운 고객을 만들어 내거나 기존 거래선을 붙들어 두는 활동을 동시에 수행할 수 있는 특별한 영업환경을 조성한다.

기본적으로 전시회는 신제품의 런칭과 홍보를 위한 테스트 마켓으로 활용되고 있으며, 세미나와 컨퍼런스 참가를 통해 산업동향과 표준, 시장 및 제품 트렌드 분석과 제품개발을 위한 시장조사 등의 활동이 가능한 가장 효율적인 마케팅 수단이다.

또한, 전시분야의 오피니언 리더와 컨설턴트, 언론인 등을 초청하여 개최되는 부대행사에 참가함으로써 이들 인사들과의 네트워킹의 기회로 가질 수 있으며, 전문 잡지 및 언론 매체를 초청하는 기자회견과

전시장에 운영하는 프레스센타를 활용하면, 효과적인 기업 이미지 홍보활동이 가능하다.

DM 발송이나, 세일즈 콜 및 방문상담, 인터넷을 통한 네트워킹 등 다른 마케팅 수단과 연계함으로써, 고객정보 데이터

베이스 구성 및 새로운 거래선 발굴 등 마케팅 활동을 보다 효과적으로 추진할 수 있으며, 제품 및 서비스 시연을 통하여 고객에 대한 교육과 포지셔닝, 그리고 브랜드 인지도 향상의 효과를 기대할 수 있다.

전시마케팅의 장점 및 기대효과

전시회는 상호 교감적이고 직접적인 대면 상담의 높은 설득력으로 신뢰관계 형성을 가능케 하는 최고의 커뮤니케이션 수단이다. 강력한 회의론자를 전도자로 바꾸거나 반대 의견을 흡수하여 극복할 수 있으며, 잠재 고객들을 대상으로 확실한 메시지를 전달할 수 있는 기회이다.

전시회 현장에서 제품에 대한 시연과 체험을 통해 모든 오감을 연결, 전달하고자 하는 메시지를 확실히 알아듣게(Drive home) 할 수 있으며, 3~4일의 짧은 기간 내에 제품에 대한 시장의 반응을 확인하기 위한 집중적인 마케팅이 가능한 것이 장점이다.

전시회는 판매자와 구매자 모두를 위한 중립적인 상담환경을 제공함으로써, 판매자는 구매자 사무실을 방문하여 갖게 되는 위축감에서 벗어날 수 있으며, 구매자는 의사결정의 부담에서 자유로운 상황에서 판매자와의 상담을 진행할 수 있게 한다.

또한, 영업 활동을 위해 방문하여 면담의 기회를 갖기 어려운 고객들이 자발

Face-to-face 상담

적으로 귀중한 시간을 할애하여 전시회를 찾아온다는 것은 그만큼 의 필요한 무엇인가가 있음을 말해주는 것이며, 동시에 투자한 만큼 의 거래 또는 상담 준비가 되었다는 것을 보여주는 것이다.

전시회가 마케팅 플랜에서 유일한 수단이어야 한다고 말할 수는 없 다. 그러나 전시회는 고객과의 관계를 형성하고 유지하기 위한 가장 적절하면서도 완벽한 수단이다. 따라서, 전시회는 마케팅 피라미드의 정점이라는 인식을 갖고, 고객과의 개인적인 상호 교감을 위한 한 발 짝을 확실하게 내딛는 자세가 필요하다.

One-stop 종합 전시마케팅 전략

전시마케팅은 바이어가 지나다니는 길목을 지키는 마케팅 전략이 다. 글로벌 시장진출을 위해 필요한 모든 목표를 한 자리에서 달성이 가능한 가장 비용 효율적인 마케팅 수단이다.

기업의 영업전략과 통합된 전시마케팅 전략은 구체적인 사업목표를 설정하고, 이를 달성하기 위한 세부 실행과제의 발굴과 추진계획의 수립, 그리고 준비 및 실행 과정에서의 점검과 사후 Follow-up 추진 과 성과평가 및 피드백을 위한 계획이 포함되어야 한다.

목표시장 진출을 위해서는 먼저, 유망한 글로벌 또는 로컬 전시회 정보를 수집하여, 내방객의 국가별 관심분야별 동향, 글로벌 기업 또 는 유망기업 및 경쟁사 참가동향 등의 분석을 바탕으로 구체적인 사 업목표를 설정하며, 효율적인 추진과제 발굴을 위한 전시회 프로그램 에 대한 검토가 필요하다.

One-Stop 종합 마케팅의 성공적인 수행을 위해서는 상품이나 서비스의 기술이나 가격 등 경쟁 우위적 요소를 발굴하여 집중할 것과 전시회를 통한 글로벌 마케터의 확보가 필요하며, 특히 세부 추진과제에 대한 차질 없는 수행을 위한 Action Plan 수립이 필수적이다.

종합 마케팅 수단으로서의 전시회의 장점을 최대한 활용하기 위해서는 DM과 이메일 발송과 함께 웹과 모바일 기반의 디지털화 및 멀티미디어 기술을 최대한 활용하는 커뮤니케이션 전략이 필요하다.

On/Off Line 종합 마케팅 수단

디렉토리 · SNS · 언론매체 광고 · 블로깅 · 카탈로그 및 인쇄물 · 온라인 배너광고 · 네트워킹 · SEO 관리

전시마케팅 활동목표:
거래선 발굴 상담, PR,
시장조사 및 정보수집,
네트워킹

또한, 전문전시회의 경우에는 세미나와 컨퍼런스 참가를 통한 시장조사와 네트워킹 및 채널 구축, 경쟁 및 협업사 정보 수집에 중점을 두어야 할 것이다. 그리고 유망 고객을 대상으로 공장이나 사무실 방문 등을 통한 상담활동에 대해서도 적극 검토할 필요가 있다.

3장

전시마케팅 성공을 위한 5가지 필수 과제

베테랑들의 격전장인 전시회에서 성과를 거두기 위한 필수 과제는?

- 글로벌 시장진출 목적에 적합한 전시회 선정
- SMART한 목표설정과 성과관리
- 나만의 전시마케팅
- 현장사무국 운영과 목표관리
- 상담관리 프로세스

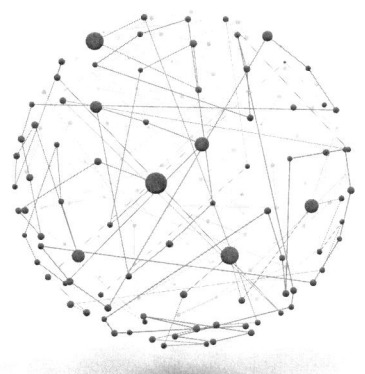

타겟 전시회에 대한 현장 참관을 통한 확인과 전시마케팅 전략 수립

전시회 선정전략

전 세계적으로 연간 약 50,000여 회의 전시회가 개최되고 있는 상황에서 기업의 참가목표 달성에 적합한 전시회를 선택하는 것은 매우 중요한 도전이고 과제이다. 아무리 규모가 크고 유명한 전시회라 할지라도, 기업의 마케팅전략에 적합하지 않는 전시회는 참가성과를 기대하기 어려울 것이다.

따라서, 기본적으로는 전시회의 국가 및 권역 커버리지를 확인한 후에 참가지역을 설정하고, 전시분야 산업의 계절적인 수급 특성을 고려하여 참가시기를 결정하여야 할 것이다. 특히 주최사에 대한 평판이 좋지 않는 전시회는 보다 신중한 검토가 필요하다.

글로벌 시장진출을 위해서는 세계시장에 대한 미주, 유럽, 동남아, 중국, 중동 아프리카 등 권역별 시장진출 전략의 수립과, 이와 조화를 이루는 범위 내에서 BRICs 및 동남아시아, 중남미, 중동 등의 지역을 대상으로 신흥 거대시장에 대한 국가별 집중적인 마케팅 전략이 주효할 것이다.

이를 위해서는 전시산업 선진국과 상권과 교통의 중심지이며 전시장, 체류 및 교통 시설 등 전시 인프라가 우수한 라스베가스, 뉴욕, 하노버, 프랑크푸르트, 밀라노, 파리, 홍콩, 상하이, 싱가포르, 두바이,

멕시코시티, 상파울로 등의 도시에서 개최되는 지역별 유망 HUB 전시회에 대한 관심이 필요하다.

전시회 개최시기는 휴가 시즌을 제외하고 연간 분산되어 개최되고 있으나, 전시분야의 산업별 수급 및 시장 특성에 따라 개최 주기와 시기, 기간 등에 차이를 보이고 있다.

특히, 새로운 기술과 제품개발을 위한 R&D에 집중하는 ICT 분야는 새로운 시장창출을 위한 홍보효과를 목표로 하여, 새해 벽두나 연도 말에 주로 개최되며, 유행이나 계절적으로 시장수요의 변동이 큰 선물용품이나 패션제품 분야는 봄과 가을 연 2회 개최하는 경우가 일반적이다.

전시회 참가업체와 내방객의 수요가 많은 소비재 산업의 전시회는 주최사간의 경쟁 또는 공조 등의 관계에 따라서 개최 시기나 지역이 분산되거나 집중 개최되는 경우도 있다.

전시회 정보수집

전시회 기초정보는 국내 수출입 유관기관과 산업별 협·단체에 문의하거나, 해외전시회 정보를 제공하는 대표적인 사이트인 'm+a Expodatabase'[8] 또는 'Eventseye'[9]에 접속하여, 전 세계에서 개최되

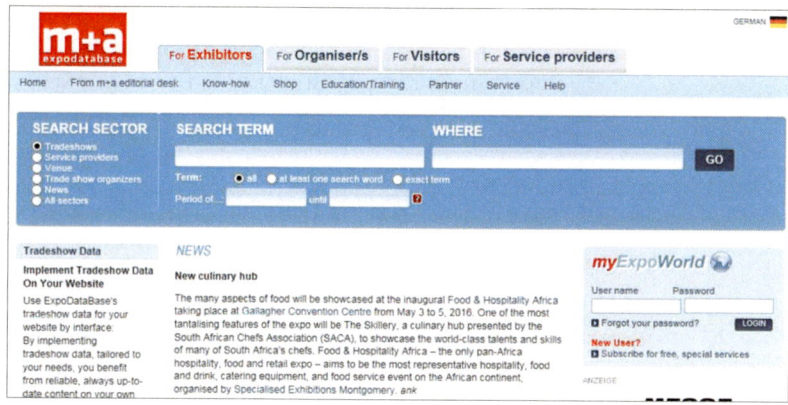

m+a Expodatabase

Eventseye

---

8 http://www.expodatabase.com

9 http://www.eventseye.com

는 전시회에 대한 개최국가 및 도시, 전시장 및 개최기간, 전시분야 등의 검색조건으로 기초자료를 수집할 수 있다.

또한, 참가성과가 기대되는 관심 있는 유망전시회에 대해서는 전시회 공식 홈페이지에 접속하거나 주최사에 요청하여 Post Show Report를 입수하여, 전시회 개최성과와 추이, 국가별 내방객과 참가업체 현황, 그리고 전시분야의 기술 및 제품과 참가업체에 관한 이슈 정보를 확인할 수 있다.

전시회와 함께 개최되는 부대행사 프로그램 정보에 대한 관심과 적극적인 수집과 활용이 필요하다. 특히, 혁신 기술이나 제품에 대한 어워드 및 홍보를 위한 쇼케이스 운영과 참가업체를 위한 매치메이킹을 지원하는 프로그램은 전시회 참가목표달성에 큰 도움이 될 것이다.

아울러, 동일한 전시장내 인근 전시홀에서 개최되는 전·후방 연관산업을 전시분야로 하는 동시개최 전시회는 중·장기적인 구매 및 판매 전략 수립을 위한 정보 수집과 잠재 거래선 발굴의 성과를 가져올 것이다.

최근에는 국제화된 유망 전시회를 중심으로 참가업체 및 내방객 실적 등 주요 정보에 대한 인증제도의 영향으로 전시회 정보의 신뢰도는 크게 향상되었으나, 참가를 희망하는 전시회에 대해서는 유관기관이나 고객사에 문의하여 국제화 정도와 성장가능성, 주최사의 전문성 등에 관한 의견을 확인하는 것이 좋다.

타겟 전시회 선정조건

참가를 목표로 하는 타겟 전시회를 선정함에 있어 전시회 참가업체와 내방객 수가 많고, 비즈니스 성과를 높이기 위한 각종 프로그램이 다양하며, 규모가 큰 유명 전시회일수록 참가 성과가 유망한 전시회일 가능성이 크다.

그러나 최근 2~3년간의 주요 전시품목과 전시회 개최결과의 추이 분석을 통하여 기업의 전시마케팅 전략에 적합한지 여부를 확인하여야 하며, 참가신청이 가능한 부스 위치와 면적 등 참가조건에 대한 사전 확인이 필요하다.

일반적으로 참가업체 수가 1,000개 이상이며 외국기업의 참가율과 전년도 참가업체의 재 참가율이 40%를 초과하는 전시회는 이미 해당 산업분야에서 입지를 굳힌 국제화된 전시회로서, 지속적인 성장이 가능한 것으로 판단해도 좋다.

또한, 국내외 경쟁사가 매년 지속적으로 참가하고 있다는 것은 전시회 참가성과를 기대해도 좋다는 사인이 될 것이며, 해당 산업에 대한 시장조사는 물론 경쟁 제품과 기술에 대한 정보수집과 유사 제품이나 전후방 연관산업 제품을 취급하는 업체와의 전략적 제휴가 가능한 것으로 해석될 수 있다.

기업의 지속적인 전시마케팅 전략의 차원에서 특정 전시회에 대한 참가가 불가능한 경우에 대비하여 경쟁 및 대체 가능 전시회에 대해서도 충분한 정보수집과 검토를 하여 필요시 대체할 만한 후보 전시회를 준비할 필요가 있다.

아울러, 일부 경력이 일천한 주최사가 개최하는 전시회의 경우, 천재지변이나 테러 등의 불가항력적인 사태가 아닌, 정치 및 경제상황의 변동이나 주최사의 경제적 상황 등의 문제로 개최를 취소하거나 또는 개최시기를 변경하거나 단축하는 등의 사태가 발생할 수 있음을 참고하여야 한다.

참가전시회 선정 시 확인 필요사항

- 전시회 주최사에 따라 예산을 절감하기 위한 목적으로 전시장 임차 기간을 단축하여, 참가업체에 대한 Move-in 기간을 짧게 허용하는 경우에는 부스장치 시공 및 디스플레이 일정에 차질이 생길 수 있음에 주의함
- 전시장내 통로의 폭을 제한하여 내방객의 이동에 불편을 주거나, 업체별 참가부스 크기를 제한하는 경우에 대비하여, 전시회 기초 조사 시 전시장 Floor Plan을 사전에 입수하여 확인함

현장 참관과 전시마케팅 전략수립

전시회 참가를 결정하기 위해서는 참가성과가 기대되는 타겟 전시회에 대한 참관과 현장 확인의 절차가 필요하다. 주최사의 전시회장 운영 및 관리 현황이나 분위기, 참가업체와 내방객의 반응 등은 설정 가능한 전시마케팅 목표달성 가능성을 예측하는 데 큰 도움이 될 것이다.

경쟁사 및 협업사를 위주로 방문 일정과 필요한 질문을 준비하고, 현장에서는 확인이 필요한 상담에 집중하고 불필요한 질문과 응답으로 시간을 낭비하지 않도록 한다. 원하는 답을 얻지 못하는 경우에는 담당자 연락처를 받는 것으로 대체하고, 추후 Follow-up을 추가정보 수집의 기회로 활용하는 것이 좋다.

전시회 참가신청에 대비한 적정한 부스 위치와 규모 등에 대한 현장 확인이 필요하다. 참가업체 디렉토리와 홀별 플로어 플랜(Floor Plan)을 준비하여, 전시장내 출입구 및 통로 배치, 카페, 비즈니스 라운지, 화장실 등의 편의 시설과 소방 및 안전시설의 위치와 함께 내방객 동선을 현장에서 확인한다.

또한, 유명기업이나 경쟁사 벤치마킹을 통하여 그래픽과 메시지, 구조물 설치 등의 부스장치 디자인 개발을 위한 아이디어를 수집하고, 주최사의 부대행사 프로그램의 진행상황에 대한 현장 확인을 통하여 성공적인 프로그램 참가성과를 위한 전략을 마련한다.

아울러, 글로벌 시장진출을 목표로 하는 투자의 관점에서 전시회 자체의 특성이나 강약점은 물론, 주최사에 대한 전시회 개최 이력 및 전문성, 관련 업계의 평판, CEO와 담당 직원에 대한 신뢰감 등을 확인하는 것이 필요하며, 특히 현장 참관을 기회로 주최사에 대한 협의 및 협조 요청을 위한 관계를 설정하는 데 관심을 기울여야 한다.

전시회 현장참관을 통한 확인과제 체크리스트

과제	내용
내방객 현황	내방객 동선 및 트래픽 현황, 인기 업체 부스
부스장치 여건	조명 및 바닥재 색상, 디자인 트렌드 등 디자인 환경, 부스장치 고도 및 행잉(Hanging) 관련 규정
홍보 및 광고 환경	내방객에 대한 홍보 및 안내 활동, 광고물 부착 위치, 홍보물 및 인쇄물 배포 관리
프로그램 추진현황	세미나 및 심포지엄 참석자 현황 및 반응, 이벤트 진행 실태
전시회 운영 현황	출입 및 안전 관리, 안내 서비스

전시회 참가전략

전시회 참가성과를 위해서는 효율적인 목표관리가 필요하다. 이를 위해서는 참가업체 및 내방객 프로필과 전시회 개최성과에 관한 분석을 통한 참가전략의 수립과 마케팅을 위한 전시회 프로그램의 검토와 효율적인 활용방안을 모색하여야 한다.

참가업체 및 참관객의 외국인 비중이 50% 이상이고 해당 산업을 선도하는 국가에서 개최되는 글로벌 전시회는 기업 브랜드 및 이미지 홍보, 산업 동향과 시장 조사, 경쟁 및 협업 대상 업체 조사, 신제품 런칭, 잠재 고객 명단 수집 등에 중점을 두는 전략이 필요하다.

또한 인구 7~8천만 이상의 거대시장과 대륙별 거점 도시에서 개최되는 로컬 전시회는 목표시장에 대한 포지셔닝 또는 리포지셔닝을 목표로 하여 기업 이미지를 강조하는 브랜드 마케팅과 체험 공간을 마련하는 전략이 보다 효과적이다. 아울러, 현지 파트너의 현지 마케팅 활동을 지원하거나 공동 투자의 참가방식도 검토 가능하다.

일부 전시회는 개최일정이나 전시회 프로그램에서 차별화되어, 전시회 공식 개막 이전의 이벤트성 심포지엄과 전시회 기자회견을 통한 사전 홍보활동과 새로운 기술과 제품과 함께 참가업체의 홍보활동을 지원하는 데 주력하고 있는데, 이러한 경우에는 내방객에 대한 상담활동 보다는 홍보지원 프로그램을 적극 활용하는 참가전략이 보다 주효할 것이다.

글로벌 시장을 대상으로 하는 전시회 일수록 일단 참가를 결정하면 적어도 3회 이상 지속적으로 참가하는 전략이 필요하다. 왜냐하면 중·장기적인 마케팅 전략으로서 매년 같은 전시회에 지속적으로 내방하여 새로운 솔루션과 거래선을 찾는 잠재 바이어들의 관심과 기대를 염두에 두어야 할 것이기 때문이다.

전시마케팅 추진과제

전시회는 단기간에 많은 내방객을 접하게 함으로써, 기업에 대한 정체성을 확립하거나 이미지를 변화시킬 기회를 제공하며, 고객과의 정기적인 접촉을 통한 신뢰관계를 구축할 수 있어, 고객관리를 위한 시간과 비용 효율적인 수단으로 널리 활용되고 있다.

또한, 마케팅이나 홍보 등의 활동 이외에 산업 및 제품의 동향이나 시장정보를 수집하고 관련 인사들과의 네트워킹을 확보하는 것도 전시회 참가활동의 주요 추진과제 가운데 하나이다.

새로운 기술과 제품이 소개되는 전시회는 전시분야의 최근 산업과 시장의 단면을 보여주는 이벤트이며 경쟁사의 제품이나 마케팅 활동을 관찰하는 기회로서, 새로운 제품이나 기술 개발과 홍보전략 수립을 위한 피드백과 고객정보를 수집할 수 있다.

전시상품에 대한 PT와 시연은 기존 거래선에 대한 현지 유통망 세일즈 활동을 지원하거나 고객에 대한 교육과 사후 관리를 통하여 잠재고객에 대한 세일즈리드로의 전환과 새로운 디스트리뷰터와 파트너를 모집하는 기회로 적극 활용하여야 한다.

아울러, 언론 매체 등 새로운 무언가를 찾는 대다수의 내방객 등을 대상으로 새로운 상품이나 서비스의 테스트 마켓으로 활용하면, 대량노출을 통한 고객정보 데이터베이스를 확보함은 물론, 시장의 반응을 확인하고, 상품 출시전 사전 캠페인 활동의 효과를 기대할 수 있을 것이다.

전시회를 통한 마케팅 추진 과제

구분	내용
고객 관리	신규 고객 발굴 및 고객 정보 수집, 고객과의 개인적 관계의 발전
제품홍보 및 거래상담	전시제품의 시연 및 오감을 통한 전달, 즉각적인 반응 확인과 피드백, 불만 고객에 대한 설명 또는 설득, 거래 상담
기업이미지 홍보	고객 및 언론 매체 대상의 브랜드 및 기업 이미지 홍보
거래선 발굴	에이전트 및 디스트리뷰터 발굴

목표설정 체크 포인트

전시회 참가목표는 전시마케팅을 위한 전략과 Action Plan을 수립하는 방향을 제시하는 역할을 하며, 성과 측정을 위한 기준임은 물론, 차기 전시마케팅을 위한 사후 평가 및 피드백을 위한 지표로서의 역할을 한다.

또한, 전시마케팅 전략은 전시부스의 컨셉과 주제 설정, 부스장치 구조물과 그래픽 디자인, 전시품 디스플레이, 선물용품 및 인쇄물 제작 등에 관한 세부과제의 사전 준비와 성공적인 실행을 위한 수단과 방법의 지표가 된다.

따라서, 참가목표를 명확하게 설정할수록 참가 대상 전시회 특성에 따른 기존 소비자들을 통한 시장 점유율 확대, 기존 시장 및 신시장 개척을 위한 신상품 런칭, 홍보, 정보수집 등 전시회 참가 활동의 실행 계획 방향 설정, 현장 부스 운영 활동 등의 기준이 명확해진다.

다양한 목표를 달성할 수 있는 마케팅수단으로서의 전시회를 가장 잘 활용하기 위해서는 먼저, 이러한 점을 반영하는 종합적 목표 리스트를 만드는 것이다. 세일즈 리드의 발굴 외에도 가능한 모든 목표를 목록화하고 이를 달성하려 노력할 때, ROI(Return of Investment)를 극대화할 수 있다.

전시회에 참가하는 목표를 확실하게 정하는 것이 전시회 참가의 첫 걸음이다. 어떠한 방식으로든 목표는 설정되어야 하며, 정확하지는 않더라도 일단 목표를 설정한다는 것이 중요하며, 매년 개선되어 나아가는 기반이 될 것이다.

지난 전시회 참가 성과를 기록하였다면 다음 전시회 참가를 위한 목표 설정은 훨씬 쉬울 것이다. 그러나 참고할 만한 과거 기록이 없는 경우에는 전시 주최자를 통하여 과거 내방객 데이터를 활용하거나 같은 분야의 다른 업체의 성과를 물어 활용한다.

SMART한 목표설정

전시회 참가목표가 달성되기 위해서는 무엇보다도 정량적으로 계수화하여 목표를 설정하는 것이 필요하다. 왜냐하면, 목표를 계량화하면 보다 간단하고 명료한 달성률 측정이 가능하기 때문이다.

다분히 정성적인 목표라 하더라도 성공을 측정하고 목표 자체를 계수화하는 것은 언제든지 가능하다. 예를 들어 '언론 기사 얻어내기'보다는 '다음 2개월 동안 3대 전문지에 상품 리뷰에 관한 5개의 기사 얻어내기'라고 하는 것이 좋다.

목표가 한 가지 이상인 경우에는 우선순위를 매김으로써 어느 방향에 최선의 노력을 다해야 하는지를 명확하게 한다. 전시마케팅의 다양한 활동 중에 길을 잃지 않게 하는 가장 중요한 목표에 집중할 필요가 있다.

달성하지 못할 목표만큼 사기를 떨어뜨리는 것은 없다. 현실적인 목표는 성취될 경우 새로운 노력을 촉진시키며, 달성하여야 할 목표가 너무 많으면 자원이 분산되어 집중력이 부족하게 된다.

따라서 전시회 참가목표는 구체적(Specific)이고 계량화(Measuralble)되어야 하며, 달성이 가능한(Achievable) 수준으로, 현실적(Realistic)이며, 적시에 수행이 가능(Time appropriate)한 것을 원칙으로 설정되어야 한다.

베테랑들만의 격전장에서 나만의 적극적인 전시마케팅 전략과 추진활동은 필수

ME TOO 마케팅의 한계

많은 전시회 참가업체들이 'ME TOO' 마케팅에 의존하고 있다. 운이 좋아서 맞는 짝을 만나게 되는 경우도 있으나 내방객을 자기 부스로 유치하기 위한 나만의 마케팅전략이 없는 한, 비즈니스 성과는 남의 이야기일 뿐이다.

전시회 주최사의 마케팅은 효과적인 사전 내방객 유치 마케팅 활동을 통하여 많은 유력 바이어가 전시장을 내방하도록 하고, 실제 내방객의 양적·질적인 내용에 따라 전시회 행사의 성공 여부에 결정적인 역할을 한다.

전시회에 참가성과는 모두가 하기 나름이다. 실적을 올리지 못하는 것은 나를 위한 준비된 전략이 없기 때문이다. 주최사나 주변에서 알아서 해 주기만 바라고 내 부스로 바이어를 유치하는 활동을 다하지 않았기 때문이지 남의 탓을 할 일이 아니다.

전시회가 마케팅과 동떨어진 모험이 되어서는 안 된다. 넓은 전시장

에 찾아온 수많은 내방객을 나의 부스로 불러들이는 일은 내가 해야 할 몫이다. 인접한 경쟁사 부스에는 꽤 많은 사람들로 북적이는 것은 그만큼 자기 몫을 다했기 때문이다.

비싼 돈을 들여 참가한 유명 전시회인지라, 전시회 참가를 결정한 이후부터는 구체적인 목표설정 및 전시마케팅 전략의 수립에 이어, 고객에 대한 사전 프로모션 활동과 현장에서 세부 추진과제의 충실한 실행을 통한 적극적인 마케팅 활동이 필요하다.

나만의 마케팅 전략

근본적으로 동일한 제품의 다수 기업이 동시에 참가하는 전시회에서 제품의 기술이나 가격 경쟁력에서 큰 차이가 없음에도 불구하고 각 참가 업체 부스의 내방객 상황과 상담성과가 다른 것은 전시회나 주최자 문제가 아니라 참가업체 각각의 전략 차이에 따른 것이다.

모든 전시마케팅 플랜은 촉진 활동을 포함하여 부스와 부스에서 일하는 사람들 모두가 내방객의 호기심을 유발하고 만들어 가는 데 목표를 두어야 한다. 이를 위해서는 이해 관계자의 시각에서 전시마케팅 전략을 다시 한 번 점검할 필요가 있다.

글로벌 전문전시회는 해당 전시분야의 세계시장에 내로라하는 최고의 기업은 물론 모든 선수들이 출전하여 저마다의 기량을 선보이는 경연장이다. 전시회 참가업체는 물론 내방객들도 역시 전시분야의 전문가로서 상당한 경험과 노하우를 가진 베테랑들이라는 사실을 기억하여야 한다.

따라서, 유명 전시회일수록 남들보다 많은 참가 성과를 거두기는 매우 어렵다는 사실을 인식하여야 한다. 최선의 성과를 거두기 위한 지속적인 벤치마킹을 통한 연구 개발과 발품을 팔아 쌓은 자신만의 노하우를 바탕으로 하는 나만의 차별화된 전시마케팅 전략이 필요하다.

사전 프로모션 활동

전시회를 찾는 내방객의 대부분은 주최사의 사전 홍보 및 마케팅을 통한 유치활동의 결과로 전시장을 찾아온다. 유명전시회를 개최하는 주최사일수록 더욱 더 많은 C 레벨 내방객을 전시장에 불러들여 전시회 개최성과를 높이도록 노력하고 있으며, 아울러 현장에서도 판매자와 구매자를 엮어주기 위한 노력을 다하고 있다.

그럼에도 불구하고, 전시장을 찾는 내방객 통계나 경쟁사가 전시회를 통해 거둔 성과와 관계없이 유력한 바이어를 각자의 부스로 초청하는 사전 마케팅 활동을 전개해야 한다.

현명한 참가업체는 성공의 열쇠인 내방객 유치의 책임을 공유해야 한다는 인식과 부스 방문을 유치하는 모든 활동은 그 대가를 돌려받을 것이라는 확신을 갖고 사전 타겟 마케팅을 진행하고 있다. 실제로, 전시회 내방객 가운데 약 33%는 참가업체의 목표고객에 대한 사전 프로모션활동의 결과인 것으로 알려져 있다.

참가업체가 진행하는 사전 프로모션 활동은 통상, 기 보유하고 있는 고객정보 데이터베이스를 사용하여 DM이나 이메일 및 SNS를 수단으로 기업 및 제품의 이미지 홍보를 목적으로 진행하고 있다.

같은 전시장에서 경쟁사의 프로모션 활동을 염두에 둔다면, 고객의 관심을 유발하기 위한 차별화 전략으로서 해당 분야 최신의 필수정보를 eBook으로 전달하거나 부스현장에서 가치 있는 선물을 전달할 예정임을 알려준다면 효과가 더욱 커질 것이다.

주최사의 바이어 초청 프로그램 활용도 검토할 만하다. 과거 전시회 참관 바이어와 참가업체 정보를 이용한 이메일 또는 팩스 인콰이어리 발송 지원 서비스와 전시회 공식 홈페이지 온라인 바이어 등록을 통한 e-Complimentary Pass 발송 프로그램도 활용 가능하다.

전시회 공식 사이트를 기업 및 제품 홍보를 위한 수단으로서 적극 활용할 필요가 있다. 참가업체 등록 정보에 기업의 사이트 링크를 걸거나, 전시회 공식 로고를 사용하여, "부스 번호 #○○에서 만납시다."라는 제목의 홍보기사 배너를 자사 홈페이지에 설치하는 것은 사전 프로모션을 위한 가장 기본적인 활동이다.

사전 프로모션 활동시 착안사항

- 내가 초청한 바이어가 내 부스만 방문하지는 않을 것이기에, 이에 대비한 특별한 현지 프로그램이나 혜택을 제공하는 방안이 검토되어야 함
- 사전 프로모션 활동이 결실을 맺기 위해서는 SNS 등을 이용한 현장에서의 적극적인 정보 교환이 필요함

전시회 프로그램 활용

비교적 많은 비용이 드는 전시마케팅 성과를 위해서는, 부스만을 지키며 찾아오는 내방객을 기다리고 응대하기만 해서는 안 된다. 투자한 만큼의 보상을 위해서는 홍보와 광고, 시장조사, 신제품 런칭, 네트워킹 등 주최사가 준비한 다양한 프로그램을 적극 활용하여야 한다.

온라인상으로 제공되는 eZone이나 ConneXions 등의 Marketplace 프로그램은 참가업체 및 내방객 정보의 검색과 자동 매치매이킹은 물론, 메시지 교환, 일정 관리는 물론 알람 기능도 포함하여, 참가업체와 내방객 간 비즈니스 상담을 위한 수단으로 널리 활용되고 있다.

전문전시회의 필수 프로그램인 세미나 및 컨퍼런스는 연사 또는 패널로 참석하여 기업 이미지와 브랜드 홍보에 활용할 수 있으며, 청중으로 참석하여 관심 있는 주제에 대한 정보 수집과 함께 전문가들과의 네트워킹의 수단으로도 활용이 가능하다.

전시회를 통한 기본적인 홍보수단은 참가업체 정보를 수록하는 디렉토리 서비스이다. 공식 홈페이지상의 On-line 디렉토리와 책자로 발간되는 디렉토리는 전시회 개막 이전과 현장은 물론 사후 홍보효과를 기대할 수 있으므로, 기업 및 제품 정보의 등록과 작성 시 최대한 압축적이고 Hot한 내용으로 임팩트 있게 작성하여야 한다.

기술 및 디자인 혁신 제품에 대한 시상 및 홍보 프로그램은 참가업체가 활용 가능한 가장 강력한 홍보수단이다. 새로운 트렌드와 방향을 제시하는 기술과 제품의 참가기업을 선정하여 시상식을 통한 언론

매체 홍보는 물론 수상제품 특별 전시 쇼케이스를 운영함으로써 전시회 내방객을 대상으로 특별한 광고기회를 제공한다.

개·폐막 행사와 네트워킹 이벤트는 정부 및 유관기관 인사와의 네트워킹 기회인 바, 기업의 이미지와 브랜드 관리를 위해서 적극 참가할 필요가 있으며, 이는 주최사와 원활한 협조관계를 설정하고 유지해 나가는데 많은 도움이 될 것이다.

체크 대상 전시회 프로그램

구분	내용
Show Directory	온라인상 기업 및 제품 정보와 솔루션 업로드
Matchmaking	참가 업체와 내방객과의 비즈니스 매치메이킹
Keynote Speech	신기술 발표회와 언론 홍보
Award & Showcase	혁신 제품에 대한 시상 및 공식 수상자 로고사용과 제품 전시를 통한 홍보
Symposium & Seminar	신기술 및 신제품 설명회, 산업 및 제품동향 설명회
Networking Event	전시회 주최사 및 유관기관 인사와의 교류를 위한 리셉션, 엔터테인먼트 또는 골프 행사

현장사무국 운영방향

전시부스는 기업의 축소판이다. 아무리 잘 준비된 계획이라 하더라도 현장에서 사전에 계획한 전략과 전술을 얼마나 구체적으로 충실하게 실행하여 부스를 운영하느냐가 전시마케팅의 성패를 좌우하고 기업의 이미지에도 결정적인 영향을 준다.

매일의 현장 브리핑을 통하여 참가목표와 키 메시지, 사전 수행한 프로모션이나 캠페인 등에 대한 정보를 공유하고 추진실적을 점검함으로써, 부스운영자 전원으로 하여금 효율적인 부스운영을 위한 각자의 역할을 상기시킴과 동시에 가장 중요한 의욕을 고취시키는 기회로 활용한다.

그리고 팀 전체를 비롯해 부스운영자 전원의 수행성과 및 목표 진도율과 우수 사례를 공유함으로써 모든 직원이 목표 지향적으로 활동하도록 유도하고, 필요한 경우에는 목표를 조정해 줌으로써 보다 긍정적인 자세로 노력할 수 있도록 독려함이 필요하다.

기업의 임시 인프라인 전시부스에 대한 안전 및 유틸리티에 대한 수시 점검과 유지보수를 위한 프로그램이 필요하다. 장치 및 운송을 위한 담당자뿐만 아니라 주최사 홀 매니저와의 비상연락망 등 신속한 현장대응 시스템을 구축하고, 전시품이나 개인 소지품의 도난 방지를

위한 안전장치 및 관리가 필요하다.

전시장내에서 지적소유권에 대한 침해 및 피해 등에 대한 대처 요령, 인터넷과 와이파이 등 통신수단과 노트북 PC 및 복합기 등 사무기기 정보 및 매뉴얼 등에 대한 정보 공유와 화재나 정전과 같은 긴급사태 시 행동 및 조치 요령에 대한 사전 공지가 필요하다.

아울러, 부스 현장에서는 기업 관계자들로 부스가 붐비지 않도록 하여야 한다. 직원들의 전시장 방문에 관한 규칙을 마련하고 사전 배정된 일정을 제외하고는 부스에 머무르지 않도록 하여야 한다. 부스 운영자는 방문자에 대해 직원이 지켜야 할 사항을 엄격히 수행하고 정해진 시간을 지키도록 한다.

부스운영자 업무분장

전시회 참가활동의 성과를 위해서는 기업의 지명도나 제품의 경쟁력과 효율적인 전략의 수립도 중요하지만, 무엇보다도 현장에서의 실행 주체인 부스운영자 개개인의 능력과 전문성, 활동목표에 대한 인식과 업무수행 책임감 등이 결정적인 역할을 한다.

기업의 전체적 이미지를 대표하기 위해 선택된 사람들에 대해서 그냥 알아서 꾸려 나가게 내버려 두어서는 안 된다. 방문자에 대해 지켜야 할 사항이나 일정 관리에 대하여 엄격히 통제하여야 하며 부스운영에 관한 개인별 전문성에 따른 특별 과업을 부여하여야 한다.

부스운영자는 공통의 행동 강령뿐만 아니라 활동목표와 사전 및 사후 일정을 숙지하고 있어야 함은 물론이거니와 업무분장에 따른 개인별 목표와 세부일정을 숙지하고 있어야 한다.

부스에서 일하는 사람들은 내방객의 호기심을 유발하고 만들어 가는 데 목표를 두어야 하며, 내방객 응대의 전문성을 위하여 과거 사례를 활용한 질의와 응답의 리허설을 충분히 진행함으로써 예상치 못한 상황에서도 안정적인 응대를 할 수 있도록 준비하여야 한다.

효율적인 상담활동을 위해서는 방문자의 필요를 이해하고 사후 관리를 위한 교류를 밀접하게 하는 법을 확실히 알아야 한다. 또한 내방객의 문의에 대응하도록 전시관 레이아웃은 물론 편의 시설과 특별 이벤트 등에 대해서도 사전에 숙지하도록 한다.

아울러, 신제품 및 기술 동향과 시장 정보 수집을 목표로 한 세미나와 컨퍼런스와 네트워크를 위한 이벤트 행사에 참석할 인원도 사전에 배정하여 준비하도록 하고, 경쟁사 정보 수집을 담당하는 직원은 수시로 부스 운영상황을 주시하고 돌아보게 하여야 한다.

분장 대상 업무 리스트

구분	내용
내방객 응대	내방객 응대 및 정보 수집 관리
부스 운영	조명, 유틸리티, 청소, 폐기물, 소모품, 케이터링 등
상담 실적 관리	상담 실적 보고서 및 진도율 점검, 본사 네트워크 관리
주최사·협력사 관리	행정 및 정산, 유지 보수 업무 연락

목표지향적 응대

전시회 내방객의 전시장 체류시간은 평균 8시간 내외이며, 대부분의 내방객의 경우에는 참가업체 명단을 확인하여 방문 목적에 맞는 업체별 부스방문 일정을 사전에 준비하고 전시장을 찾는 것으로 알려져 있다.

따라서, 부스운영자 모두는 기업 및 주력 상품에 대한 일반적인 사항은 물론, 전시회 참가목표와 전시품에 대해 충분히 숙지하고 있어야 하며, 내방객에 대한 응대 요령이나 상담 스킬에 대한 전문성이 필요하다.

내방객 중에는 비즈니스 상담뿐만 아니라, 경쟁사가 자료나 정보 수집을 목적으로 하는 경우도 있다. 따라서 가능한 짧은 시간 안에 내방객에 대한 고객전환 가능성을 판단하고, 기업과 제품의 특성을 얼마나 효과적으로 전달하느냐가 관건이다.

기존 거래선 고객은 당신의 시간을 독점하기를 기대할 수 있다. 그러나 전시장에서는 짧은 시간에 많은 내방객을 응대해야 하는 특별한 상황임을 고려하여, 적절한 시간 통제가 필요하다.

내방객에 대한 전문적인 응대를 위해서는 전시회 참가목표를 항상 염두에 두어야 하며, 정보를 제공하는 것보다 수집하는 데 중점을 두고, 내방객에 대해서는 말을 하기 보다는 가능한 많이 들으려 하는 자세가 필요하다.

그리고 보다 많은 관심과 특별한 배려가 필요한 현재 고객이나 잠재 고객에 대해서는 전시장내 트래픽을 고려하여 전시부스 또는 다른 안락한 장소를 준비하여 2차 만남으로 응대하는 것이 좋다.

부스운영 및 동선관리

전시부스의 효율적인 운영을 위해서는 내방객의 흥미를 유발하여 부스 안으로 들어오도록 유도하고, 제품에 대한 시연과 체험의 기회를 제공한 후에 자료를 전달하며 상담을 진행하도록 내부 동선을 관리하는 것이 좋다.

이를 위해서는, 부스운영자보다는 내방객 우선의 시각에서 공간을 개방형으로 구성함으로써 외부에서 쉽게 접근할 수 있도록 하고, 부스 내에서도 내방객의 편안한 동선을 위하여 전시품 및 집기 등을 배치하는 것이 필요하다.

부스운영자는 전시된 상품이나 부스 그래픽에 대한 외부로부터의 시각에서 가로막는 위치에 서지 않도록 주의하여야 하며, 부스 장치와 구조물이 내방객과 분리시킴으로써 고객과의 장벽으로 느껴지거나 부스 내부로 진입하기 위한 동선을 방해하는 판매대형 장치물의 배치는 가능하면 피하는 것이 좋다.

내부동선 관리에 적합한 8개 섹션구분 Layout 사례

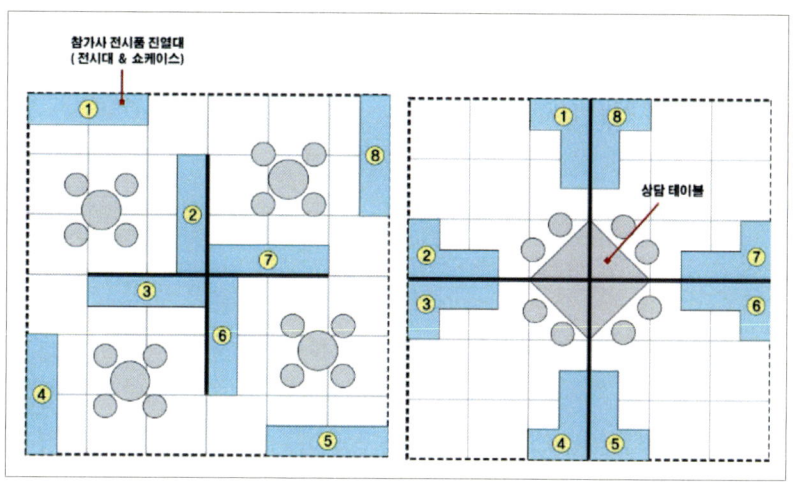

흔히 있는 일이지만 부스운영자가 테이블에 앉아 있는 경우 또는 운영자끼리 대화에 집중하는 경우, 보통의 상식적인 사람들은 관심이 있더라도 부스 안으로 들어가거나 질문을 던지기를 꺼려하게 된다. 따라서 상담용 테이블은 상담용으로만 사용하고 부스운영자는 내방객을 응대하거나 안내를 위하여 항상 서서 있는 자세가 필요하다.

따라서, 보다 적극적으로 내방객의 흥미를 유발하는 체험이나 자료배포에 집중하도록 하기 위해서는 부스운영자를 위한 의자는 철수하

는 것이 좋다. 그리고 전시품과 가구 및 집기, 인쇄물 및 소모품 등을 항상 정돈된 상태로 유지하여 내방객의 시선을 불편하게 하는 일이 없어야 한다.

상담관리 프로세스

목표관리 요령

전시회를 찾는 내방객의 대부분은 현재 또는 미래의 거래선을 찾는 비즈니스를 목표로 한다. 많은 사람들이 시장 동향과 트렌드, 신기술 및 제품 등에 대한 정보수집을 목표로 하거나, 향후 비즈니스를 위한 자료수집과 파트너 물색, 그리고 구직을 목표로 하는 경우도 있다.

이들은 사전에 준비한 부스방문 일정을 기준으로 하여, 현장에서 입수한 전시회 안내 책자 등을 참고하여, 방문대상 부스를 필수 또는 선택으로 구분한다. 그리고, 제한된 시간 내에 필요한 정보를 효과적으로 얻어낼 수 있는 핵심 질문과 함께 사전에 방문 및 상담일정을 잡기도 한다.

기업을 대표하여 현장에 있는 부스운영자 모두는 이와 같은 내방객의 특성에 대한 이해와 사전 대비가 필요하다. 전시회 참가를 통해 달성해야 할 목표를 충분히 숙지하고 효율적인 부스 운영을 위해 무엇을 해야 하는가를 알고 있어야 하며, 모르는 사람과의 교류도 즐길 줄 알아야 한다.

부스운영자 각자는 전시마케팅을 위한 팀의 일원으로 통일성과 전문성을 갖추어 왜, 무엇을 전시하고, 어떻게 해야 하는지를 잘 알고 있어야 한다. 또한 긴급한 사안에 대한 신속한 처리를 위해서는 본사와의 실시간 네트워킹을 통한 신속한 정보관리 및 상담시스템이 필요하다.

아울러 전시회에 참가하여 부스를 운영하는 많은 업체도 시장 동향에 대한 이해와 경쟁사 정보를 수집하기 위한 목적으로 트래픽이 적은 시간대를 이용하여 부스 방문을 하는 것으로 알려져 있다. 이에 대한 적절한 대응을 위해서는 경쟁사 참가현황에 대한 충분한 사전 숙지가 필요하다.

부스운영자 목표관리 체크 포인트

- 전시회 내방객 가운데 15%는 다방면에 두루 관심을 갖고 10%는 특정한 기업이나 제품 및 서비스에 관심을 갖고 있는 것으로 알려져 있어, 부스 운영을 통한 세일즈 리드 (Sales Lead) 목표는 예상 내방객의 10%로 설정함
- 상담 활동보다 잠재 고객의 정보 수집을 목표로 하여 사후 Follow-up 또는 이메일 발송용 데이터베이스 보강을 목표로 하는 경우에는 활동 내용에 적합한 전담 인력을 배치, 관리하여 성과를 최대화 할 수 있음

상담기록 및 고객정보 관리

부스운영자는 영업을 담당하는 일원으로서 확고한 책임감을 가지고 상담내용을 그때그때 기록하고 관리하는 데 최선을 다하여야 한다. 명함을 수집하는 데에만 집중하지 말고, 목표로 하는 항목의 정보를 수집하여 통일화된 양식에 의거하여 성실하게 작성하여야 효율적인 사후 Follow-up이 가능하다.

상담내용을 기록하는 양식은 의사결정권자 여부(Authority), 구매능

력(Capability), 주문시기(Time), 개인정보(Identity), 거래 장애요소(Obstacles), 수요 제품 및 정도(Needs) 등 ACTION 6개 항목을 필히 포함하고, 기타 특기 사항을 기록할 수 있도록 준비한다.

전시회 현장에서 상담만으로 단기간에 거래가 성사되기를 기대하지는 않는 것이 좋다. 왜냐하면, 많은 경우가 사업영역을 확대하거나 신규거래 가능성을 타진을 목적으로 한 것으로, 거래선 전환을 위해서는 상품 및 가격조건에 대한 비교·검토와, 시뮬레이션을 통한 분석에 많은 시일이 소요되기 때문이다.

세일즈 리드가 확보되면, 상담 내용에 따라 잠재 고객의 인콰이어리의 적정성 여부에 대한 판단과 Follow-up을 위한 타이밍 분류 등 조직적이고 시스템적인 접근이 필요하다. 특히, 긴급한 사항의 경우에는 경쟁사의 사후 관리 진행을 감안하여 즉각적인 조치를 위하여 본사에 즉시 전달하도록 한다.

잠재고객 평가와 정보수집 체크 포인트

- 모든 내방객이 전시회 현장에서 구매 의사 결정을 할 수 있는 것은 아니며, 기업이나 제품, 서비스, 가격 등의 비교를 원하고 있음을 알고 있어야 함
- 잠재고객 평가는 제품이나 서비스에 대한 수요규모, 구매주기의 합리성 여부, 자금 및 예산의 적정성, 구매결정에 대한 권한이나 영향력 등을 고려함
- 부스를 방문하는 가능한 모든 내방객으로부터 추후 영업활동을 위해 필요한 세일즈 리드 정보를 수집함

전시회는 관련 기업인이 참가업체 뿐만 아니라 내방객으로도 참가한다. 따라서 향후 마케팅활동을 위한 참가업체 및 내방객의 정보수집에 최선을 다하여야 한다. 전시회에 따라서 Bar 또는 QR 코드 리

더기를 이용하여 등록 바이어 정보를 수집하거나 사후에 주최사에 유·무료 지원 서비스를 이용한다.

효율적인 상담진행

전시장에서 부스를 찾아오는 잠재 바이어와의 첫 만남은 미래의 바이어를 기대하며 상담을 진행하는 것이다. 이는 운이 따르면 될 수도 있고 안 될 수도 있다. 그러나 전시회장에서의 Face-to-face 커뮤니케이션은 교감과 신뢰감을 바탕으로 확신을 가질 수 있게 해 준다.

구매 행위가 일어나기 이전에 부스운영자의 첫 번째 의무는 내방객들이 잠재 고객인지 아닌지를 판단할 수 있는 가능한 많은 정보를 수집하는 것이다. 정확한 정보가 많을수록 거래 고객으로의 전환 가능성이 높으며, 객관적인 사실보다 상담을 통한 주관적 판단이 거래 관계에 결정적 역할을 한다.

전시장은 전시회가 개최되는 제한된 시간과 장소에서 상담을 해야하는 특별한 영업환경이다. 기대를 갖고 찾아오는 많은 내방객에 대한 적절한 응대를 위해서는 상담을 종료할 시점을 주도적으로 결정하는 것이 필요하다. 이는 무례하거나 예의에 어긋나는 것이 아니라 상호간 시간 낭비를 피하기 위해 꼭 필요한 것이다.

상담을 종료할 시점은 내방객이 요구하는 사항을 이해하고 향후 상담을 진행할 사항과 일정에 대한 그림이 그려질 때이다. 굳이 너무 일찍 상담을 끝내는 것으로 걱정할 필요는 없다. 왜냐하면 추가로 필요한 정보를 물어오면 그때 대응하면 되기 때문이다.

내방객이 떠나지 않는 경우를 경험하게 되기도 한다. 질문 공세를 펴는 것은 구매를 생각한다는 신호로 받아들이고, 추후 상세한 내용에 대한 추가상담을 위한 약속을 요청하는 것이 좋다. 따라서 카탈로그, 도면, 선물 등은 상담을 시작하는 용도로 사용하지 않고 끝날 때 건네주는 것이 좋다.

상담을 끝낼 때에는 "방문해 주셔서 감사합니다. 요청하신 자료는 월요일 아침에 도착할 겁니다. 남은 시간 유익하게 보내십시오."라는 인사말을 하거나 "당신의 상황에 대해 알게 되어 기쁩니다. 이 전시장 아래편에 있는 다른 참가업체와도 상담하시면 좋을 것 같습니다. 프로젝트가 성공하기를 바랍니다." 등의 인사로 신뢰감을 주도록 한다.

세일즈리드 분류와 Follow-up 기준 사례

- 예상되는 거래 단위 및 주기를 기준으로 4가지로 분류
  - 금액은 크고 구매 주기가 짧은 A타입
  - 금액은 크고 구매 주기는 길거나 금액은 작고 구매 주기가 짧은 B타입
  - 금액은 작고 구매 주기는 긴 C타입
  - 인쇄물 자료를 발송하거나 이메일 리스트에 추가할 D타입
- 타입별 사후 Follow-up 기준
  - A와 B타입에 대해서는 즉각적인 관심표시와 대응이 필요
  - C와 D타입은 1~2주 내에 Follow-up을 진행

신속한 Follow-up

　전시회가 끝나면 이제 고된 업무가 시작되는 것이다. 전시회에서의 상담활동에 대한 Follow-up 계획은 사전 기획 및 준비활동의 하나이다. 행사 후 수일 또는 수주의 시간은 거래를 희망하는 고객과 그렇지 않은 고객인지를 밝혀 줄 것이다.

　믿거나 말거나 전시회 참관자의 18%가 그들이 만난 업체로부터 아무런 자료도 받지 않았다고 하며, 43%는 구매의사를 결정을 한 이후에 Follow-up 자료를 받았다 한다. Follow-up을 하지 않는 것은 전시마케팅 활동에 대한 대가를 포기하는 것이다.

　부스를 방문하였던 내방객 모두를 직접 만날 수는 없어도 그들과의 접촉은 가능하다. 내방객에 대한 Follow-up은 적정한 정보를 담은 상담결과 보고서를 기준으로 분류하여 영업팀과 대리점, 딜러 등을 대상으로 담당자를 배정하여 처리를 요청한다.

　전시회 상담결과에 대한 Follow-up 시기가 늦어지면 늦어질수록 내방객과의 관계가 점점 어색해지고 냉담해지게 된다. 반대로 가능한 빠르고 적당한 시기에 접촉하는 것은 잠재고객의 기억에서 잊혀지지 않게 할 뿐더러, 보다 빠르고 충실한 내용으로 경쟁사를 앞설 기회를 갖게 된다.

　Follow-up을 위한 1차 접촉은 전시회 폐막 후, 늦어도 2주 이내에 우편, 팩스, 이메일 등 서면으로 하는 것이 좋으며, 감사 편지 보내기, 요청 자료 보내기, 방문 일정 협의하기, 세일즈 콜 하기 등을 선택적으로 처리한다.

또한, 보도 자료를 배포하였거나 부스를 내방하였던 언론인에 대해서는 전시회 참가 성과를 알려주며 추가로 필요한 정보가 있는지를 확인한다. 적기에 연락을 취하는 것은 관심과 의지를 확실하게 표현하는 것이며, 보다 좋은 홍보 효과를 가져다 줄 것이다.

상담관리 프로세스 체크 포인트

- 효율적인 상담관리는 시작 단계에서부터 달성할 목표가 무엇인지, 성취한 내용을 어떻게 기록할 것인지, Follow-up 프로세스를 어떠한 방법과 일정으로 진행할 것인지를 염두에 두고 준비하여야 함
- 시스템은 사용자의 편의를 우선으로 하여, 처리하기 쉬우면서도 최종 단계에서는 중요한 수익성 확인을 위한 트래킹이 가능하여야 함
- 상담정보 관리를 위한 데이터베이스에 기본적인 개인 정보와 함께 인콰이어리 진행에 필요한 추가적인 상세 정부가 현장에서 적정하게 기록되어야 함

4장

전시마케팅 실무 가이드

성공적인 전시마케팅을 위해
필요한 준비사항은?

- Action Plan 수립
- 참가신청 및 관리
- 홍보 및 마케팅
- 내방객 응대의 전문성과 통일성
- 부스장치 및 디스플레이
- 전시물품 물류 및 현장관리 출장

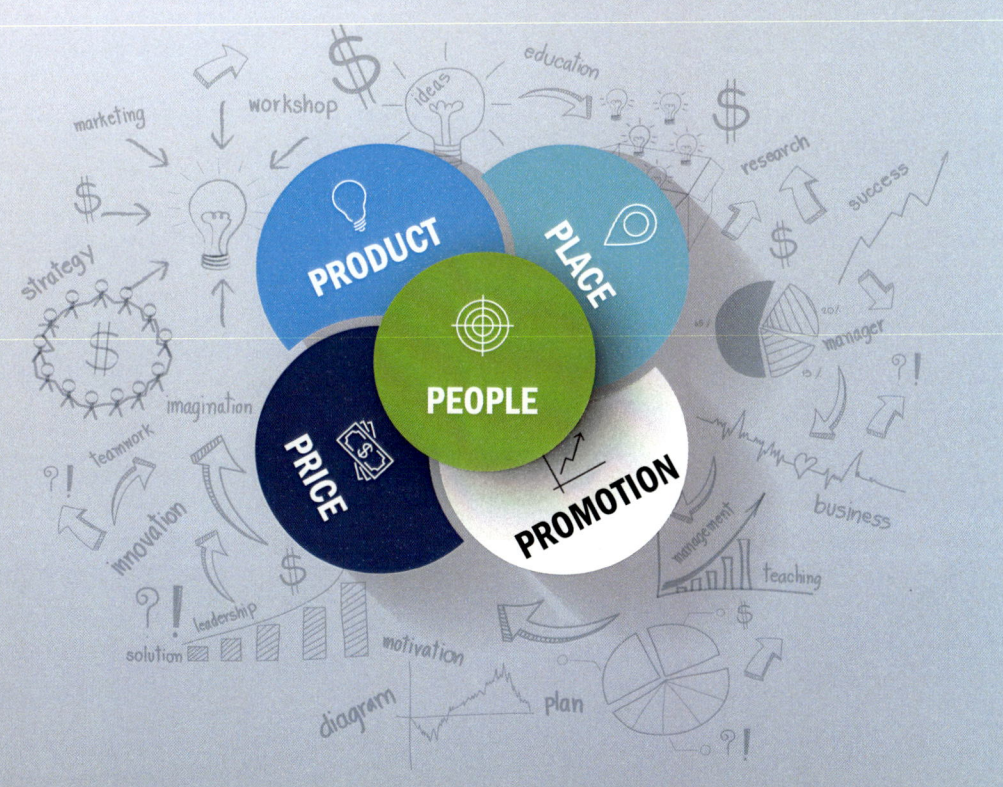

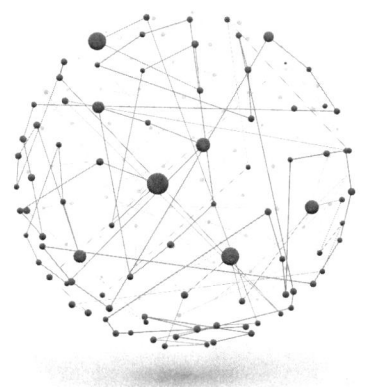

Action Plan 수립

목표달성을 위한 과제설정과 Pre-At-Post 단계별 세부 추진계획 수립

전시회 참가기획

사업환경 및 조건에 대한 충분한 조사를 기초로 한 참가기획은 전시마케팅 활동의 성패를 좌우하는 핵심 사항으로, 투자한 만큼 이상의 대가가 보장되는 필수의 과제이다. 이는 빠르면 빠를수록 좋으며 아무리 늦어도 전시회 개최일 기준으로 6개월 이전에 시작하여야 한다.

전시회 참가를 위한 Action Plan은 참가목표의 설정, 부스의 규모와 위치 결정, 전담조직 구성 및 인력 수급, 마케팅과 PR 활동, 부스장치 디자인 개발, 전시물품 발송, 현지 출장 및 전시부스 현장 관리, 사후 Follow-up 및 성과 평가 등의 과제에 대한 세부 추진계획과 일정을 포함한다.

과제별 효율적인 수행과 예산 절감을 위해서는 주최 측에서 제공하는 Exhibitors' 매뉴얼 또는 별도 공지 사항을 숙지하여, 설정된 기한을 준수하여 등록 및 신청 등 필요한 조치를 취하여야 한다.

아울러, 부스 장치 디자인 개발, 전시 물품 운송, 출장을 위한 항공권 및 숙박 예약 등 아웃 소싱이 필요한 사항은 시간적인 여유가 있을수록 보다 유리한 조건으로 계약을 체결할 가능성이 높다. 또한, 입찰이나 견적 요청을 통하여 과업이나 계약 내용에 대해 충분히 이

해를 하여야, 사업을 진행하는 과정에서 필요한 수정 및 보완과 계약의 변경이 가능할 것이다.

전시회 참가기획을 위해서는 무엇보다도 현장에서의 경험과 노하우가 가장 필요하다. 따라서 필요한 경우에는 전문가의 조언을 구하는 것이 좋다. 처음 참가할 전시회에 대해서는 타겟 전시회 사전 현장 참관을 통한 벤치마킹 결과를, 그리고 전년에 이어 계속 참가하는 전시회는 과거 참가 결과의 피드백을 적극 활용한다.

전시회 참가기획 체크 포인트

- 전시마케팅 프로젝트의 성공적인 수행을 위해서는 참가기획 초기단계에서 PM을 정하여 필요한 권한을 부여함
- 전시회 참가목표는 달성가능하고 측정이 가능하도록 계량화하며, 부스운영자 개별 목표를 배정하여 관리함
- 매뉴얼을 숙지하여, 부스장치 설계 및 시공에 관한 규정과 서비스 및 유틸리티 신청기한에 주목함
- 전담조직 구성을 위한 인력을 조기에 선발하고, 충분한 사전교육과 업무분장으로 목표달성에 최선을 다하도록 동기를 부여함
- 전시부스 타입의 선택은 Package Booth와 Customized Stand와 함께 재사용 가능한 Modular Exhibit 사용을 검토하여 결정함
- 홍보활동의 성과를 위해서는 주최사의 프로그램의 활용과 전시회 공식 홈페이지와 연계하는 기회를 적극 활용함

유관기관 지원제도

해외전시회 참가를 통한 마케팅을 위하여 정부 및 유관기관의 정보 및 자금지원 프로그램을 활용할 필요가 있다. 업체에서 자체적으로 참가하는 전시회 소요예산의 일부를 지원하는 개별참가 지원방식과 수행기관을 통하여 구성하는 단체관 참가업체를 위한 자금 및 마케팅활동 지원방식 등이 있다.

단체관 참가 지원사업은 정부에서 사전 선정한 전시회를 대상으로 참가 희망업체를 모집하여, 기업 및 제품의 경쟁력과 시장성 평가를 통해 참가업체를 선정한다. 이후 전시회 참가를 위한 장치, 운송, 출장 등에 관한 경비 및 행정 지원과 현지에서의 체류 편의 및 사전 마케팅활동 등이 포함되어, 전시회 참가 경험이 부족하거나 신규 참가를 검토하는 전시회에 대해서는 적극 활용할 만하다.

그러나 공식적인 전시분야의 모든 품목을 대상으로 다수의 기업이 단체로 참가함에 따라, 품목별 전문 전시관 또는 구역을 구분하는 전시회의 경우에는 전문 내방객 방문 기회가 다소 제한될 수 있다. 아울러, 참가업체 개별적으로 참가이력 포인트가 제공되지 않으며, 이에 따른 각종 혜택이 제한되는 단점이 있다.

개별참가 지원사업은 상품의 특성이나 목표시장에 적합한 전시회를 자체적으로 선정하여 단독으로 참가하는 활동을 지원하는 것으로, 해당 전시회의 규모 및 인지도와 기대 효과 등 전시회 참가를 통한 마케팅 활동 계획, 준비 상황에 대한 심사 및 비교 평가를 통하여 선별 지원한다.

전시회 참가를 위한 각종 신청 및 계약 절차를 진행함에 있어서 다양한 제도와 규정 및 절차 등을 직접 이해하고 처리해야 하는 부담은 있겠으나, 전문 내방객의 자발적인 집중 방문을 기대할 수 있는 구역에 독립적으로 부스를 운영함으로써 나만의 전시 마케팅 경험과 노하우를 축적할 수 있다.

글로벌 전시 포털[10]

중소기업 해외 전시 포털[11]

---

10 http://www.gep.or.kr

11 http://www.sme-expo.go.kr

아울러, 직접적인 커뮤니케이션을 통하여 주최사와 신뢰관계를 확보할 수 있으며, 추후 참가 시의 참가비 특가(Loyalty Customer), 재참가 크레디트를 통한 부스배정 우선권 등의 혜택을 기대할 수 있다.

전담조직 구성 및 인력 수급

전시회에 참가하는 것은 글로벌 시장진출을 위한 구체적인 목표를 설정하고 이를 달성하기 위해 적지 않은 인적·물적 자원의 투자를 요하는 활동이다. 전시회 참가를 기획하고 준비하는 초기 단계에서부터 현장 활동 및 사후관리까지 모든 단계에서 일관성 있는 사업추진이 필요하다.

따라서 전담조직 구성은 빠르면 빠를수록 좋다. 충분한 경험과 노하우를 겸비한 경영진의 일원을 책임자로 선정하고, 전시마케팅의 광범위한 활동 범위를 감안하여 마케팅 및 영업 분야는 물론 연구개발 분야의 전문가를 포함하여 전담조직을 구성할 필요가 있다.

현장에서의 부스운영자는 여러 성향의 많은 사람을 접해야 하는 전시장이라는 특별한 상황을 고려하여, 내방객에 먼저 다가서는 Pro-active한 유형의 사람이 수동적이고 내방객에 접근하는 것이 어색한 Re-active한 유형의 사람보다 원하는 성과를 가져올 가능성이 클 것이다.

부스운영을 위한 소요인력은 전시마케팅 컨셉을 구현하기 위한 부스의 크기와 참가업체 및 내방객 정보를 기초로 한 부스운영 계획, 그리고 부대행사 프로그램 참가계획 등을 반영하여 산출하여야 할 것이다.

부스운영자 선정 포인트

- 영업활동의 경력 보다 중요한 것은 기업 및 제품에 대한 열정과 사람들에 대한 긍정적이고 적극적인 성향과 배려심
- 외국어 구사능력, 좋은 인상, 그리고 커뮤니케이션 스킬, 명확한 목표의식과 책임감

소요예산 편성

전시회 참가를 위한 소요예산은 전시회 주최사에 대해 지불하는 참가비 및 유틸리티 사용료, 아웃소싱 협력사를 대상으로 하는 부스 장치비와 전시물품 물류비용, 그리고 현장 관리를 위한 출장자 여비와 부스운영을 위한 현장 소모품 및 용역사용료 등으로 구성된다.

주최사에 지불하는 참가비는 전용 사용면적에 대한 임차료, Package Booth 장치비, 디렉토리 등록비 등과 청소 및 보안 서비스, 출입증 및 초청 바이어 무료 입장권 발급, 그리고 기타 부대행사 참가비 면제 및 할인 등의 서비스 비용을 포함한다.

이밖에 선택적으로 신청하여 사용이 가능한 인터넷 및 통신, 전력, 상하수도, 압축 공기 등의 유틸리티는 사전 신청금 납부와 폐막후 사용량 확인하고 정산하는 절차가 필요하며, 이러한 절차는 필요에 따라서 장치업체에 대행을 요청할 수도 있다.

부스 장치비는 Shell Scheme 또는 Customized 등 부스 타입에 따라 다르다. Shell Scheme는 기본장치에 대한 보완이나 변경의 경우에만 비용이 발생하며, Customized의 경우에는 디자인 개발 비용은 물론, 각종 그래픽 제작과 설치, 전시대, 조명, 기타 A/V 장비와 사무기기 및 집기 등 임차비용 등 모든 비용을 부스장치 계약자에게 지불하

게 된다.

전시품과 현장에서 사용될 각종 물품을 전시장으로 옮기는 물류비용은 집하지에서 전시부스까지의 국내외 운송비용과 창고비, 통관비, 포장비 등을 포함하며, 전시물품을 현지에서 처분하거나 사전 임시수입 허가대상 품목의 경우에는 각각의 통관을 위한 제세금과 수수료 부담이 추가로 발생할 수 있다.

또한 전시장 현장에서 부스 운영과 관리를 위해 필요한 예산에는 출장자의 항공임 및 일비, 식비와 숙박비 등의 여비, 통역원 및 도우미의 고용을 위한 인건비, 내방객을 위한 음료 및 다과 비용, 현장 마케팅활동과 프로모션 비용, 기타 통신비, 소모품 비용 등이 포함된다.

전시회 예산비목별 평균 비중

구분	비중(%)	내용
참가비	35	부스 임차료
출장비용	14	항공편 및 교통비, 숙박비, 여비 등
서비스비용	13	인터넷 등 유틸리티 서비스
부스장치	11	부스 디자인 및 시공
물류비용	10	전시물품 발송 및 반송
그래픽 제작	6	전시부스용 그래픽
프로모션	6	마케팅 홍보
기타	5	소모품, 다과, 접대 등
계	100	

아웃소싱 협업

전시부스 디자인 및 장치, 부스 장치, 전시물품 물류, 부스관리자 출장을 위한 항공권 및 숙박 예약 등 전문 업체 아웃소싱은 전시회 기본정보 이외에 전시장 및 주변환경에 관한 자료를 충분히 준비하여 분야별 전문가와 협의를 진행하는 것이 좋다.

전시부스의 디자인과 장치를 위해서는 장치업체에 대하여 부스장치 및 그래픽 디자인 개발과 장치계획서를 요청하고, 현장에서의 시공을 위한 설계도면의 작성 및 주최사에 대한 사전 승인절차, 그리고 현장에서의 유지 보수 및 사후 철거 등을 내용으로 하는 계약을 체결한다.

전시회에 출품할 상품과 현장에서 사용할 물품을 발송하기 위해서는 개최국 세관의 임시 수입에 관한 규정을 확인하고, 전시할 상품과 소요 장비 등의 전시물품 발송 및 반송 계획을 수립하여, 항공편 또는 선편 등 운송수단을 결정하여 Door-to-Door 조건의 물류계약을 체결하고 All Risk 담보의 보험에 가입한다.

부스 현장관리 및 운영을 위한 출장자는 현지에서의 전시물품 인수 및 디스플레이, 부스 장치와 유틸리티의 점검과 보완, 출입증과 주최사에서 제공하는 참가업체용 키트 수령 등의 개막전 활동일정을 고려하여, 현지 시간 D-1 이전에 도착하도록 항공권 및 숙박 예약을 진행한다.

전시 관련 서비스 업체 정보 수집원[12]

한국전시산업진흥회(AKEI)

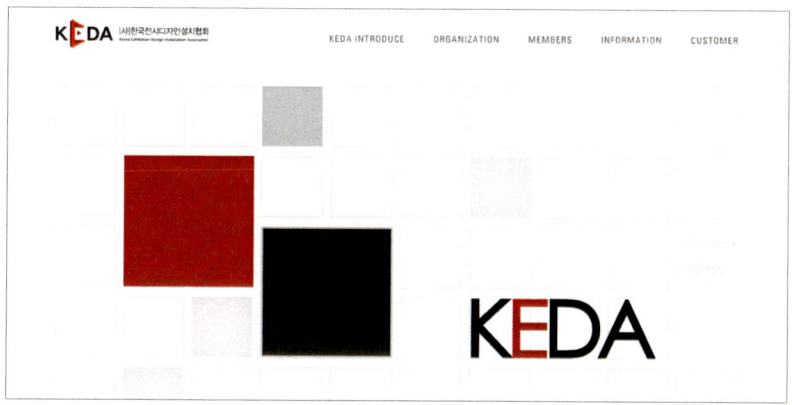

한국전시디자인설치협회(KEDA)

---

12 한국전시산업진흥회(http://www.akei.or.kr), 한국전시디자인설치협회(http://www.keda.in).

Pre-At-Post 단계별 추진과제

전시회가 개막되기 6개월 전부터 참가기획과 사전 준비활동을 시작한다. 가장 먼저 추진하여야 할 과제는 전시회 특성을 고려한 참가목표 설정, 그리고 일관성 있는 사업의 진행을 위해 경험과 전략이 풍부한 책임자 선정과 인력수급 계획 수립 및 예산편성 등의 작업이다.

개막 4~6개월 전에는 부스장치 디자인 개발 및 시공과 전시물품 발송을 위한 계획을 수립하여 입찰 또는 비교견적과 협상과정을 거쳐 발주를 진행한다. 아울러, 광고 및 홍보 프로그램에 대한 검토와 현장 관리를 위한 항공편 및 숙박을 위한 옵션을 확인하여 사전 예약을 진행한다.

개막 4개월 전부터 부스관리 출장자가 현지에 도착하기까지의 기간은 사전 준비가 필요한 사항에 대한 구체적이고 실질적인 작업을 진행한다. 전시부스 장치 및 전시물품 운송 등을 위해 계약을 체결한 아웃소싱 협업사의 진행상황을 점검한다. 그리고 디렉토리 등록과 뱃지 및 초청장 등록, 유틸리티 신청, 내방객 유치를 위한 사전 프로모션 활동을 진행하고, 아울러, 상담관리 프로세스 구축 작업을 완료한다.

부스관리 출장자의 현지 도착 이후부터 개막 전 1~2일간은 모든 준비 과제의 추진현황을 최종 점검하고 보완이 필요한 사항에 대한 조치를 취할 골든타임이다. 또한, 전시장내 서비스 구역을 확인하고 부스운영자에 대한 현장 브리핑과 교육, 부스 장치 및 전시품 인수 및 디스플레이 등으로 사전작업을 마무리 한다.

전시회가 개최되는 기간 동안은 내방객 응대 및 상담, 자료 배포 및 홍보 활동, 부스장치 유지보수 관리, 전시물품 포장재 보관 등과 컨퍼런스 및 세미나 참석을 통한 자료 수집, 시장 조사, 경쟁사 및 협업사 정보 수집, 네트워킹 이벤트 참가 등의 업무를 진행한다.

전시회 행사가 종료되면 전시물품 재포장 후 반송을 위한 물류업체에 인계하고, 전시부스 철거, 유틸리티 및 서비스 비용 정산, 부스운영자를 참석대상으로 하는 성과평가 모임 등으로 현장 업무를 마친다. 귀국 후 사무실에 복귀하면, 내방객에 대한 감사 서한 발송과 세일즈 리드 Follow-up을 진행한다.

전시마케팅 기획 및 추진 일정표

구분	일정	주요 활동
참가 기획 및 사전 준비	6개월 전	전담 조직 구성, 소요 예산 편성
	4개월 전	장치, 전시 물품 운송, 출장을 위한 협업
	2개월 전	계약 및 추진 현황 점검
	3주 전	사전 프로모션 및 상담 관리 프로세스 구축
	2주 전	준비 상황 재점검
	1주 전	현지 출장, 현장 점검 및 사전 교육
현장		현장 사무국 운영
성과 평가 및 사후관리	1주 후	성과 평가
	2주 후	Follow-up
	3주 후	피드백

성과평가와 피드백

모든 전시회는 각각의 특성에 따른 어려운 점과 개선의 여지가 있다. 따라서 사업성과에 대한 정확한 평가와 적극적인 사후관리는 다음 사업수행을 위한 필수 과제이며, 최고의 전시회를 선택하는 기준을 제공한다.

성과평가는 투자를 정당화하고 목표 지향적인 활동을 유도하고 수행 방법을 개선하려는 노력을 유도하는 데 의의를 두어야 한다. 사업성과는 사전에 설정한 구체적 목표에 대한 달성률로 측정하고, 균형 있는 평가를 위해서는 전시회 행사 자체는 물론 시장동향에 대한 파악 및 경쟁사 벤치마킹 성과도 포함되어야 한다.

성과측정을 위해서는 부스를 운영했던 전 직원이 참석하여 해낸 일과 하지 못한 일에 대해 솔직히 평가하도록 한다. 이러한 직관들은 바로 다음 전시회 참가를 위한 피드백으로 활용될 소중한 자산들이다.

신규로 발굴한 고객에 대해서는 각각 3개월, 6개월, 9개월 등 단계별로 상담 고객에 대한 내용을 추적하여 실적 보고서를 작성하고, 초과 달성한 경우에는 그 요인을 확인한다. 그래야 다음 전시회에서 성공을 되풀이할 수 있으며, 목표에 미달한 경우에는 개선 방안을 찾을 수 있도록 만들어준다.

아울러, 전시회 참가성과와 시장정보, 전시마케팅 활동의 문제점과 개선과제, 그리고 사진 자료 등을 포함하는 최종 보고서를 작성하여, 세일즈 및 마케팅 관련 부서 및 담당자와 정보를 공유하고, 또한, 내년도 전시회 참가가 필요한 경우에는 주최사와 협의하여 사전에 부스를 예약한다.

성과평가 체크리스트

구분	내용
종합의견	전시회에 대한 부스 운영자의 의견, 다음해 전시회를 위해 수정 및 보완이 필요한 사항, 잘한 것과 잘못한 것, 경쟁사가 잘한 점
사전 준비	사전 준비 활동의 효과, 부스 위치와 크기의 적정성
현장 활동	양과 질적인 측면에서 부스 내방객의 기대에 대한 부응
사후관리	사후 관리를 위한 일정과 Action Plan 수립, 모든 상담 바이어 Follow-up, 내방객 모두에게 메일 보내기, 세일즈 리드 추적 관리, 주최사에 대한 내방객 데이터 요청, 보도 자료 Follow-up

4-2 참가신청 및 관리

부스 계획 결정과 참가 부스 및 전시회 프로그램 참가신청 관리

참가신청을 위한 사전 준비

참가신청은 빠르면 빠를수록 좋다. 전시회 주최사는 개최 예정인 전시회 Floor Plan을 완성하여 공개하는 시점부터 신청 및 예약을 접수하는 것이 일반적이며, 적기에 전시부스 판매를 완료하기 위하여 예약 및 조기 신청을 조건으로 참가비 할인의 혜택을 제공하기도 한다.

실제로 참가업체 입장에서도 참가신청이 빠르면 빠를수록 그만큼 사전 기획 및 준비를 위한 충분한 시간을 확보하게 되는 것이며, 마케팅을 위한 홍보 및 사전 프로모션 활동을 보다 계획적이고 효과적으로 진행할 수 있다.

그러나 참가업체가 집중하는 유명 전시회의 경우에는 전시회가 개최되는 기간 중에 현장에서 다음 해 행사를 위한 참가신청 및 예약접수를 시작하는 것이 일반화되어, 유명전시회에 처음 참가를 신청하는 경우에는 전시회 개최 12개월 이전부터 홈페이지를 통하여 모니터링을 할 필요가 있다.

참가신청을 하기 전에, 전시장 레이아웃과 전시관 홀 플랜(Hall Plan) 등을 입수하여 신청 가능한 부스 위치 및 면적을 확인한다. 그리고 전시장내 내방객 동선에 대한 주최사의 경험과 의견을 문의하여, 효율적인 전시회 참가목표 달성을 위한 부스 타입 조건을 결정한다.

참가신청 및 참가비 납부와 관련하여, 주최사의 전시회 영업전략의 하나인 조기 신청자에 대한 Early Bird 할인제, 전년도에 이은 재참가 할인제, 주최사와 공동 주관하는 단체의 등록 회원사에 대한 할인제 등의 참가비 할인제도에 대한 사전 확인과 활용이 필요하다.

또한, 참가신청에 따른 신청금 및 잔금 납부일정을 준수함은 물론, 계약조건의 불이행이나 중도 취소 또는 변경에 대비하여 관련 조건을 충분히 검토하여야 한다. 그래야 과태료나 위약금의 부담 또는 현장에서 부스운영을 위한 기본 서비스가 제한되는 등 불필요한 경제적 손실과 부스운영의 불편을 피할 수 있다.

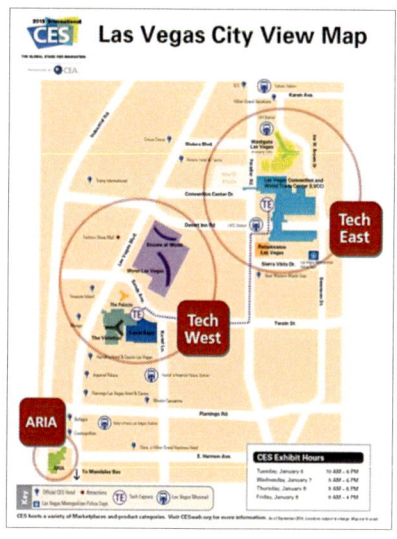

전시장 지도

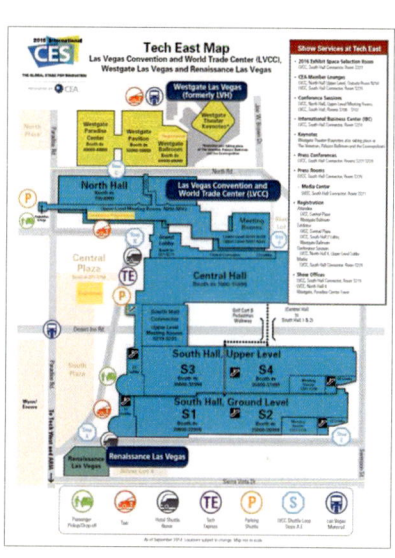

전시장 홀 플랜(Hall Plan)

부스 타입 및 면적

전시회 참가목표의 효과적인 달성을 위해서는 기업 자체의 현장 활동계획과 함께, 전시회와 참가업체 특성상 대형의 단독부스 또는 주최사에서 제공하는 Package Booth 위주로 참가하는지를 확인하여, 적절한 부스 타입과 크기로 신청한다.

부스 타입은 Raw space와 Package Booth/Shell Scheme 등 크게 2가지로 구분 된다. Raw space는 일정 면적에 대한 사용권만을 제공하며, Package Booth는 기본 조립식 부스 장치와 바닥 카페트 및 집기, 사명판, 부스 번호, 그래픽, 조명 및 전력 서비스 등을 포함한다. Package Booth는 주최사에 따라서 Standard, Premium 등으로 장치 및 서비스 수준을 차별화하여 다양한 옵션으로 제시하기도 한다.

부스 크기는 전시품의 특성과 수량, 부스운영 인력 계획, 전시품 배치 및 동선, 내방객 유도를 위한 이벤트 계획 등을 고려하여 소요 면적을 산정한다. 중소형 부스는 실 부스 면적 단위 9sqm를 최소로 하여 폭과 깊이를 3m를 기본으로 1m 단위로 확대가 가능하며, 통상 60sqm 이상의 대형 부스는 아일랜드형 블록으로 신청이 가능하다.

블록 단위로 참가하는 경우에는 전시품 디스플레이와 상담, 영접 등을 위한 섹션 구분과 내부 동선을 확보하는 것이 필요하다. 효율적인 공간 활용을 위해서는 전문 디자이너와의 상담이 필요하며, 쾌적한 부스 환경을 위해서는 전체 면적의 50% 이상은 설치물이 없는 빈 공간으로 관리되어야 한다.

부스 타입별 참가 조건

기본부스	바닥 및 구조물(9sqm~)	
프리미엄 부스	아일랜드형 패키지 부스	
스탠다드 부스	기본부스 + 전시대, 선반, 인포데스크 및 의자	
Shell Stand	Standard + 조명, 사명판	
Space Only	공간만 제공(2층 부스 건축 시 임차료 50% 추가)	

지역 및 국가에 따라서 부스 타입별 참가비 구조에 큰 차이를 보이고 있다. 전시산업 선진국인 유럽이나 미국은 Raw Space 참가비가 Package Booth 참가비의 2분의 1 수준이나, 홍콩, 싱가포르, 중국 등 동남아 지역은 Raw Space 참가비가 Package Booth 참가비의 80~90%에 달하는 경우도 많아, 참가목적과 예산절감의 차원에서 집중적인 검토가 필요하다.

부스 위치

부스 위치는 전시회 참가성과에 큰 영향을 주는 사항이다. 따라서 참가신청시 전시장 내방객 동선에 대해 충분한 사전 검토가 필요하며, 내방객의 집중과 분산의 요인이 될 수 있는 대표적 유명기업과 경쟁사의 부스 위치를 고려하여 결정하여야 한다.

전시장을 찾는 내방객들은 출입구를 통과하면 폭이 5~10m인 주 통로를 중심으로 이동하며, 관심 있는 부스를 발견하고 나면 폭 3m의 개별 통로를 이용하여 목표 부스로 이동하는 것이 일반적이다. 따라서 출입구 주변과 큰 폭의 주 통로 주변 등 특정한 위치에 선호도가 높은 편이다.

최근에는 전시장내 부스 위치별 선호도 차이를 최소화하기 위하여, 내방객 행동 방식에 대한 연구가 한창이다. 특정 홀과 구역에서 내방객을 집중시킬 이벤트를 개최하거나 셔틀버스 정류장을 늘리거나 위치를 변경하는 등의 프로그램이 활용되고 있다.

또한, 홀 내에서의 내방객 동선의 분산과 조정을 위하여, 대기업 및 인기 부스와 출입구, 카페 및 화장실, 비즈니스 라운지 등 편의시설 배치를 내방객 동선 관리 및 조정을 위한 수단으로 활용되기도 한다.

부스 배정이 좋지 않아 만족할 만한 내방객 동선이 예상되지 않는 경우에는 참가를 포기하기보다, 주최사에 문제점을 전달하고 위치변경 가능성 문의와 함께 협조를 요청하는 것이 필요하다. 왜냐하면, 수많은 참가업체 가운데 신청을 취소하거나 변경하는 경우, 주최사로부터 대체 부스의 제안을 기대할 수 있기 때문이다.

부스계획 체크 포인트

- 전시회 주최사의 부스배정 원칙으로는 동일 위치 재참가 신청업체 우선제, 참가 횟수 및 누적 참가면적 합산 포인트제, First Come, First Served제, 대규모 부스신청사 우선제 등이 있음
- 기계장비의 현장 시연 위한 전력, 압축공기, 배수 등의 유틸리티 서비스가 필요한 경우에는 부스위치를 결정하기에 앞서 전시홀 설계도면을 통하여 설비현황 확인이 필요함

Exhibitors' 매뉴얼 활용하기

참가업체 매뉴얼은 참가신청 절차를 완료한 업체를 대상으로 주최사가 제공하는 전시회 참가를 위한 안내 자료이다. 전시회 공식 홈페이지의 Exhibitor 메뉴에서 확인 및 다운로드가 가능하며, 부스장치에 관한 규정과 유틸리티 신청, 디렉토리 정보 등록 및 출입증 신청, 부대행사 프로그램, 주요 일정, Service Contractor 리스트 등 참가업체가 숙지하고 활용할 필수 정보를 수록하고 있다.

전시회 참가업체를 위한 전시부스 장치 및 운영에 관한 규정(Rules and Regulations)은 참가업체가 준수하여야 할 개·폐막 일정과 부스장치

를 위한 Move-in/out 일정, 전시물품 반·출입 규정, 폐막 전 조기 철수 및 부스 분할 또는 재판매 금지 등 규정 위반에 대한 제재조치 등의 내용을 포함한다.

참가업체에 대한 ID와 Password 발급, 출입증 신청, 무료 초청장 신청 등 필수 행정사항은 물론이고 디렉토리 등록, 제품 및 기업 홍보 자료 업로드, 내방객과 참가업체간 매치메이킹 등 부대행사 및 이벤트, 홍보 및 광고 프로그램 등 현장에서의 행사 전후 진행 과제 및 일정 등 참가업체가 숙지하여야 할 제반 서비스에 대한 내용을 포함하고 있다.

아울러, 부스 장치 관리 및 운영에 필요한 각종 유틸리티 신청방법과 사용 양식을 수록하고 있는데, 대부분의 경우 신청기한을 설정하여 10~20%의 할인 혜택을 주고 있다. 따라서 예산 절감을 위해서도 매뉴얼 내용을 숙지하고 필요한 서비스를 조기에 신청하여야 한다.

Exhibitors' Manual 주요내용

구분	내용
전시회 개요	전시회 개최기간 및 장소, 내방객 입장시간, 부대행사 프로그램 등
전시장 지도	전시장 홀 배치도 및 Floor Plan
주요 일정	디렉토리 입력 정보 및 배지 등록, 프로그램 신청 기한과 조건 등
Rules & Regulations	전시부스 장치 및 운영에 관한 안전 시설 관리 규정
서비스 신청	유틸리티 신청양식 및 작성 요령과 지불 조건 등
현지 체류	교통 및 체류 정보, 환전 및 숙소, 기타 서비스

또한, 주최사는 사전 검증을 거친 Service Contractor 리스트를 제공하여, 참가업체가 필요로 하는 부스장치를 위한 그래픽 제작, 전기 및 급배수 공사, 운송, 통관 등의 서비스와 통역 및 쇼 도우미 용역 알선 등 모든 서비스를 손쉽게 활용할 수 있도록 지원한다.

일부 전시회는 한정된 전시 면적에 참가업체 수를 최대화하기 위하여 업체별 참가 면적을 제한하기도 하며 부스장치 공사 및 서비스 등과 관련해 특정 Service Contractor에게 독점토록 하여 참가업체의 비용이 늘어나는 경우가 발생할 수 있음에 대비하여야 한다.

참가신청 사후관리

신청서 제출과 참가비 납부로 신청절차를 완료하면, 주최사는 참가업체에 대한 고유 ID 및 Password를 이메일로 통보하며, 이후부터 참가업체는 공식 홈페이지를 통하여 My Page에 접속하여 온라인상으로 주최사와 1:1 커뮤니케이션 진행이 가능하게 된다.

주최사는 참가업체를 대상으로 사전 신청을 접수하거나 확인이 필요한 사항은 홈페이지나 개별 메일로 공지하며, 참가업체는 주최사에 대한 회신 및 확인사항은 물론 유·무료 서비스 및 이벤트 참가신청 등 모든 업무연락을 온라인상에서 신속히 진행할 수 있다.

전시회 참가업체가 참가신청 후 처리할 첫 과제는 전시회 공식 디렉토리 제작을 위한 기업 및 제품 정보를 등록하는 일이다. 이는 참가목표 달성을 위해 가장 중요한 일이며, 기간 내 준수하는 것이 필수이다.

참가업체를 위한 디렉토리 정보 등록기간이 경과하면 주최사는 접수된 기업 및 상품 정보만을 원고 내용으로 인쇄물 디렉토리 제작을 진행하게 되며, 기간내 등록을 마치지 못한 참가 업체 정보는 공란으로 남게 될 것이기 때문이다.

아울러, 참가업체 정보는 등록을 마치면 곧바로 On-line 디렉토리에 게재되어 홈페이지를 통해 공개됨에 따라 보다 큰 노출 효과를 기대할 수 있다. 전시회를 방문할 내방객은 사전에 홈페이지에서 참가업체 명단을 확인하고, 부스 방문계획을 준비한다는 점을 기억하여, 가능한 빠른 시기에 최대한 임팩트 있는 텍스트와 이미지를 사용하는 전략이 필요하다.

이밖에 인터넷과 전화, 전력, 급배수, 압축 공기 등의 유틸리티와 부대행사 참가는 주최사가 사전에 설정한 기한 내 신청업체에 대해서 할인 혜택을 제공하는 것이 일반적이며, 적기에 신청을 완료하면 그만큼의 경제적인 이득을 볼 수 있다. 이는 주최사의 장비 및 시설물 설치 등을 위한 소요인력 확보와 사전 준비를 위한 일정을 고려한 것임을 감안하여야 할 것이다.

에이전트 활용하기

전시회 에이전트는 소재 및 관할 지역에서 주최사를 대신하여 참가업체와 참관객 유치를 위한 홍보활동을 대행하며, 참가신청 접수와 참가가 확정된 업체에 대한 ID와 Password 발급 및 참가비 납부와 관련한 제반 행정 서비스를 지원한다.

참가업체의 성과제고를 위하여 사전에 준비하여야 할 모든 프로그램을 안내하고 신청 절차를 대행하거나 지원한다. 디렉토리 등록과 뱃지(Badge) 신청 등 필수 사항은 물론 매치메이킹, 세미나, 시상 및 홍보 행사 등 부대행사와 이벤트 프로그램에 관한 내용과 유틸리티, 광고, 기타 부가 서비스를 활용하도록 안내한다.

전시회 현장관리를 위해 출국하기 일주일여 전에는 참가업체를 위한 현지활동 안내문을 발송한다. 전시회 개최 전후를 포함하는 전체 일정과 상담활동을 위한 필수 준비물 점검 사항, 그리고 현지에서의 안전한 체류를 위한 교통 및 숙박 정보와 비상연락처 등의 정보를 제공한다.

아울러, 전시회가 개최되는 기간 동안에는 관할지역 참가업체의 현장활동을 지원하기 위한 출장자를 파견한다. 주최사와의 커뮤니케이션이나 전시장 출입용 뱃지 추가 발급, 전시기간 중 전시물품 반·출입, 주최사 홍보 프로그램 활용 등에 대한 상담과 함께 솔루션을 제공하며, 애로 및 건의사항을 청취하여 주최사에 전달하고 개선을 요청하는 역할을 한다.

국내 전시회 에이전트 정보원[13]

---

13 한국전시주최자협회(http://www.keoa.org).

4-3 홍보 및 마케팅

적극적인 홍보 및 마케팅을 위한 플랫폼으로 전시회 프로그램을 적극 활용

마케팅 및 PR 기획

전시회의 내방객 및 상담 실적은 주최사의 성과이다. 유명 전시회일수록 전시회 전체 실적은 기대한 만큼 이상에 이를지라도, 업체별 실적은 큰 편차를 보여, 실적 부진에 고민하는 참가업체가 항상 있기 마련이다.

또한, 세계 최초의 유일한 제품이 아닌 이상, 전시회에는 경쟁사 또는 유사 제품을 취급하는 업체가 함께 참가하여 인접한 위치이든 다른 전시관이든 간에 마케팅 경쟁을 펼치기 십상이다.

따라서 참가목표 달성을 위해서는 내방객에 대한 기업의 이미지와 브랜드의 홍보와 출품하는 상품 마케팅 등을 위한 명확한 전략수립이 필요하다. 아울러, 이러한 전략의 성과는 목표달성을 위한 세부 추진과제를 얼마나 집중적이고 효과적으로 실행하느냐에 달려 있다.

기업과 제품의 특성을 함축시킨 차별화된 키워드와 이미지를 사용하여, 사전 프로모션과 기업 및 제품 PR, 언론매체를 이용한 홍보, 그리고 선물용품 증정이나 현장 배포용 인쇄물 등 사용 가능한 모든 마케팅 수단을 통합하는 집중적인 마케팅전략이 필요하다.

아울러, 홍보와 마케팅 활동이 기대한 만큼의 성과를 거두기 위해

서는 무엇보다도 먼저 대상 고객의 범위를 설정하여야 할 것이다. 현재 고객은 물론 신규 고객이나 과거 고객을 대상으로, 각각의 특성과 기대에 적합한 DM이나 이메일 발송 등의 사전 프로모션과 현장에서의 차별화된 응대활동이 필요하다.

뉴스레터 서비스는 인쇄물 또는 전자 문서에 관계없이, 잠재 고객을 대상으로 하는 가장 효과적인 홍보 수단이다. 전시회 참가 이전은 물론이고 사후에도 기업 및 제품의 가장 큰 강점에 집중하여 관련 산업분야의 시장정보를 지속적으로 서비스함으로써, 기업을 관련 분야의 전문가로 자리 잡는데 도움이 되게 할 것이다.

목표대상 고객

구분	내용
신규 고객	처음 접하게 될 해당 산업분야에 종사하는 기업, 언론매체, 유관 기술 및 정책 기관에 소속된 사람 등
현재 고객	전화나 이메일 등 한정적인 커뮤니케이션으로 접촉하여 오다가 전시회 현장에서 대면하는 현재 거래선
과거 고객	현재는 거래가 중단되었지만 비즈니스 가능성의 타진으로 새롭게 협조관계를 재구축할 수 있는 과거 고객

이메일 & SNS 마케팅

전시회는 자신이 누구이며, 무엇을 어떻게 하는가를 많은 사람들에게 전달하여, 다수의 세일즈 리드를 발굴할 수 있는 가장 좋은 기회이다. 그럼에도 불구하고, 많은 참가업체들은 고객들을 부스로 유치하는 사전 마케팅활동을 진행하지 않는 경우가 많다고 한다.

가장 비용효율적인 마케팅수단으로 알려진 전시회를 최대한 활용하기 위해서는 보다 많은 고객과의 만남의 기회를 만들어내는 데 목표를 두어야 한다. 이를 위해서는 기존 거래선은 물론, 잠재 고객과 현재는 거래가 중단된 과거 고객 등 향후 거래관계가 필요한 모든 고객을 대상으로 초청활동을 진행하여야 한다.

초청활동은 신속한 커뮤니케이션 수단인 이메일과 페이스북, 링크드인, 트위터 등 소셜 미디어를 이용하는 것이 효과적이다. 이러한 수단들은 고객들과의 사전 대화는 물론 현장에서의 만남을 위한 약속잡기, 필요한 정보의 신속한 교환, 그리고, 현장에서의 업무연락과 캠페인 수단으로도 사용할 수 있기 때문이다.

첫 초청 메일이나 메시지는 전시회 개최 2~3주 전에 1차로 메일을

보내고 난 후, 적어도 2번의 리마인더를, 대략 7일과 2일전에 보내는 것이 필요하다.

이메일과 SNS 메시지의 내용은 기업 및 전시회에 관한 정보와 함께 부스번호와 위치, 신상품 출시 또는 특별한 제품 시연 계획, 부스 현장에서의 경영층 및 전문가와 상담 일정 등 부스를 찾아올 내방객의 관심과 흥미를 끌만한 프로그램을 준비하고 그 혜택을 강조하는 것이 효과적이다.

아울러, 전시회 프로그램인 홈페이지에 사전 등록한 전시회 참가업체 및 내방객을 대상으로 하는 매치메이킹 및 바이어 초청 프로그램을 이용한 e-Complimentary Pass 발송시스템도 적극 활용할 만하다.

기업 및 제품 PR

전시회 내방객을 대상으로 하는 기업 및 제품 PR 수단으로서, 전시회 주최사에서 제공하는 전시장 주변과 내·외부 시설물을 이용한 그래픽 및 포스터 광고와 공식 인쇄물 제작이나 부대행사 개최를 위한 협찬과 스폰서십을 통한 각종 광고 및 홍보 프로그램에 대한 적극적인 관심과 활용이 필요하다.

시설물을 이용한 광고는 전시장 주변의 입간판과 전용 벽보 및 타워, 홀간 이동 통로와 에스컬레이터, 출입구 등의 유도 사인을 이용한 포스터, 그리고 전시장 내·외부에 설치된 전용 광고판과 전시회 참가업체만을 위한 샘플 쇼케이스 등을 이용할 수 있다.

공식 인쇄물을 통한 광고는 전시회 공식 디렉토리, 입장권 및 출입

중, 전시장 Map과 Hall Plan, 행사일정 등 내방객을 위한 각종 안내 자료에 대한 협찬 광고 등이 선택 가능하다.

전시회가 개최되는 동안 매일 전날의 전시회 동향과 특징, 이슈가 될 만한 참가업체의 제품과 기술을 소개하는 전시회 Daily News는 광고주에 대한 무료 기사 게재의 추가 혜택을 기대할 수 있다.

스폰서십을 이용한 광고는 전시회장 출입증이나 패용을 위한 목걸이, 세미나 및 심포지엄 등 부대행사 협찬과 기념품 등이 가장 일반적이다. 이는 기업의 이미지 홍보효과가 매우 큰 수단이며, 다음 행사를 대비한 인지도 향상에 크게 기여하는 것으로 알려져 있다.

그리고 공식 홈페이지에 대한 배너 광고는 물론, 온라인으로 진행되는 디렉토리와 매치메이킹, 내방객 정보관리 시스템, 참가업체와 내방객을 위한 각종 멀티미디어 제작 등의 프로그램에 대한 협찬을 통한 광고도 관심을 가질 만하다.

최근 들어 유명 전시회에 참가신청을 완료하면, 광고 대행사로부터 홍보 및 광고 제의를 받는 경우가 많다. 그러나 전시회 공식 메일서버에서 발송된 것이 아닌 경우에는 경우에는 의사결정을 하기 전에, 필히 주최사 또는 에이전트에 사실 확인을 요청하여야 한다.

언론매체 홍보

매스미디어와의 좋은 관계는 기업의 마케팅 활동에 매우 중요한 사항이다. 주최사에서 제공하는 TV & 라디오 방송, 일간지, 전문 잡지 등 언론 매체와의 네트워킹은 전시회 참가업체에게만 주어지는 기회임을 인식하고, 기업과 상품의 홍보를 위한 플랫폼으로 적극 활용하는 전략이 필요하다.

전시회 주최사에서 언론인을 위한 정보 제공과 취재 지원을 목적으로 운영하는 프레스센타 서비스도 적극 활용할 만하다. 기업의 홍보를 위한 자료와 홍보물 및 연락처 등을 포함하는 프레스 키트를 준비하여 프레스 센터에 비치하여 전시장을 찾는 언론인들에 제공될 수 있도록 한다.

Daily News GITEX/CES

보도를 위한 자료 내용은 관심을 유발하는 새로운 모험 상품에 초점을 두어야 한다. 기술이나 상품을 소개하는 내용을 '누가, 언제, 어디서, 무엇을, 어떻게, 왜' 형식의 상세한 내용을 핵심적으로 명확하게 압축 정리되어야 하며, 자료 내용에 대한 이해를 돕기 위해 필요한 이미지 및 참고 자료를 첨부하는 것이 좋다.

또한, 기업 및 제품의 효과적인 현장 홍보활동을 위해서는 주최사와 협조하여 유력 언론인을 부스로 초청하거나 기자들의 부스 방문과 현장에서의 방송 및 인터뷰 요청에 대한 신속한 대응을 위하여 별도의 전담 직원을 배치하는 것이 필요하다.

Giveaways 전략

전시회장에서 내방객을 대상으로 하는 선물은 기업의 홍보활동 수단이자 그들을 부스 안으로 유도하기 위한 인센티브이며, 한번 부스를 방문한 잠재 고객을 다시 찾아오게 만들기 위한 연결고리로 사용되어져야 한다.

기업의 이미지를 효과적으로 전달하고 고객으로 하여금 오래 기억하며 지속적으로 관심을 유도할 만한 아이템은 고객의 관점에서 흥미를 유발하고 관심을 끌만한 '새로운 무엇'이어야 하며, 이를 개발하기 위해서는 창조적인 사고가 필요하다.

방문자의 유형에 따라 다른 선물을 준

비하는 것도 생각해 볼 만하다. 잠재 고객에게는 기업의 이미지를 좋게 하는 간단한 기념품을 준비하고, 기존 고객들과 잠재 고객을 위해서는 비즈니스와 연관된 실질적인 혜택을 제공하는 상품이나 서비스가 더욱 효과가 클 것이다.

그저 공짜로 모든 전시장에 있는 불특정 다수에 대한 서비스 차원에서의 선물을 나눠주는 것은 시간과 돈만 낭비하는 단순한 흥미 위주의 이벤트일 뿐, 사람을 부스로 유도하거나 잠재 고객을 발굴하는 데 도움이 되지 못할 수도 있다. 이러한 경우에는 많은 사람들이 집중적으로 몰려와서 내방객에 대한 개별 응대가 소홀해지는 문제를 야기할 수 있다.

따라서 선물은 당초 취지와 목적을 고려하여, 명함을 교환하거나 제품이나 서비스의 시연이나 체험 행사에 참가하고 고객 정보를 제공한 사람들만을 대상으로 감사의 표시로 전달되어야 한다. 또한 홈페이지를 통한 내방객 프로그램을 공지하여, 특정한 과제를 수행한 잠재 고객만을 대상으로 하는 특별 인센티브 제공하는 방안도 적극 검토할 만하다.

현장 배포용 인쇄물

부스를 방문하는 많은 내방객들이 카탈로그만을 집어가거나 요청을 하는 경우가 많은데, 대부분의 경우에는 제목이나 그림만 보고 즉각 버리는 것으로 알려졌다. 따라서 카탈로그 앞면에 Booth Copy라고 기록하여 상담 없이 자료만 가져가는 경우를 피하는 것이 좋다.

그 대신에 전시장 현장에서 배포할 인쇄물은 내방객이 소지하는 데 부담이 없이 가볍고 휴대하기 편리한 크기의 Flyer 형태로 준비하는 것이 좋다. 기업 및 제품의 특징과 장점에 대한 간략하고 명확하게 압축시킨 내용과 사후관리를 진행할 담당자의 연락처가 기재된 명함을 부착하면 된다.

기업과 제품 및 기술에 대한 상세한 내용을 포함하는 Full 카탈로그는 소량만을 준비하여 자료 전시대 또는 벽걸이에 진열하여 상담을 위한 참고용으로 사용하고 꼭 필요한 고객에 대해서만 현장에서 배포한다.

카탈로그를 요청하는 내방객에 대해서는 추후 발송할 것을 약속한다. 사후에 약속을 시킴으로써 고객은 자료를 손에 넣을 수 있으면서도 무겁게 자료를 가져가야 하는 불편을 덜게 해주는 배려에 대한 고마움에서 상담을 위한 첫 단계를 시작할 것이다.

아울러, 고객이 발송을 요청한 카탈로그에는 관심을 표명했던 정보에 대한 확인과 함께 동그라미 표시로 주요 포인트를 강조한다. 그리하면 고객은 보다 편안한 사무실에서 높은 관심도로 집중하여 정보를 접할 수 있게 되어, 정보전달의 효율성을 크게 향상시킬 것이다.

내방객 응대의 전문성과 통일성

기업의 축소판인 전시회 부스운영의 통일성과 전문성을 위한 시스템 구축

내방객 응대 시스템

대부분의 비즈니스맨 내방객은 현재 거래선이 있음에도 불구하고, 방문하는 기업이나 제품에 대한 좋은 이미지를 갖게 되면, 일단 부스를 방문하여 명함을 교환하고 자료를 수집하는 것으로 첫 만남을 마무리하고, 제품이나 서비스, 거래조건 등에 대해서는 다음 기회로 미뤄두는 경우가 많다.

따라서, 전시장에서의 첫 만남에서 거래가 이루어질 것을 기대하기보다는 사후 Follow-up과 차기 전시회에서의 만남에 대비하는 효율적인 내방객 응대와 정보수집 및 관리가 필요하다.

사무실이 아닌 전시부스라는 특별한 근무 환경에서는 내방객을 응대하는 것이 가장 우선적인 과제이다. 제한된 시간 내에 수많은 사람들을 대상으로 원활한 응대 및 상담 업무처리를 위해서는 부스운영자들에 대한 적절한 지원 및 관리 시스템을 마련하여야 한다.

특정한 내방객에게 너무 많은 시간을 쓰게 되어 다른 많은 사람을 만나야 할 시간을 뺏기거나 거래가 가능할 것으로 예상되는 고객에게 너무 적은 시간을 쓰게 되면 안 된다.

특히, 사전 프로모션 활동을 통한 초청 바이어와 기존 거래선 고객

은 나름대로 기대한 만큼의 응대를 받기 원하고 있을 것이다. 따라서, 부스운영자는 각자가 달성할 목표를 기준으로 잠재 고객여부를 분별하여, 고객에 따라 적정한 시간을 투입하기 위한 시간관리가 필요하다.

아울러, 전시장내 환경을 고려하여 부스운영 인력에 건강 및 안전에 대한 관심과 주의가 필요하다. 성과를 낼 수 있는 근무 시간은 최대 4~6시간이며 그 이후에는 육체적으로나 정신적으로 고갈되는 것으로 알려져 있어 부스운영자들의 활동 시간은 최대 4시간으로 관리하는 것이 좋다.

또한 전시장은 탈수로 인한 불편함이 발생할 수 있는 환경이므로 전시 부스에서는 수시로 물을 충분히 섭취하는 것은 물론, 전시회 기간 중 부스 운영자 모두가 건강한 식사, 특히 좋은 아침 식사를 하도록 세심한 주의와 배려가 필요하다.

내방객 응대 4단계(AREA)

단계	구분	내용
1단계	유도하기 (Attract)	컬러, 움직임, 사운드, 그래픽 및 유도문 등을 사용하여 동선 상에 있는 내방객 끌어들이기
2단계	거절하기 (Reject)	불필요한 시간 낭비를 막기 위하여 몇 가지 구체적인 질문으로 목표 고객 여부를 선별하고 정중하게 돌려보내기
3단계	설명하기 (Explain)	다른 내방객을 고려하여 상담을 빨리 종료할 수 있도록 제품의 이점과 혜택, 데모와 최선의 사례를 설명하기
4단계	약속하기 (Appointment)	미팅이 불가한 내방객은 Follow-up을 위한 정보를 수집하고, 미팅이 가능한 고객은 세일즈 시간을 낭비하지 않도록 다른 직원에게 보내서 약속 정하기

부스운영자 사전 교육

부스운영자는 내방객이 전시장에서 가장 먼저 만나는 기업의 대표자이다. 이들의 내방객을 대하는 태도와 매너, 그리고 내방객의 요청이나 질의에 대한 대응이나 답변 내용은 그대로 기업이미지로 전달되어 남게 된다.

최근 들어 전문 전시회를 찾는 내방객 가운데 의사 결정권자의 비중은 점점 커지고 있어, 부스운영자의 통일성과 전문성 있는 내방객 응대를 위한 사전 교육의 중요성이 더욱 강조되고 있다.

따라서, 전담조직의 책임자는 본사 출장자를 포함하여 현지에서 합류한 통역원, 도우미 등 전원을 대상으로 내방객 응대와 효율적인 상담활동을 위한 사업목표와 기업 및 제품을 중심으로 충분한 사전 교육을 실시하여야 한다.

부스운영자를 위한 사전 교육은 무엇보다도 전시회 참가활동 목표를 공유하고 개인별 수행과제를 책임지고 수행하도록 독려하는 것이 필수적이다. 아무런 목표 의식이나 책임감이 없이, 그저 단순한 의무감에서 자리만 지키며 내방객에 대해 피동적으로 대하는 경우 참가목표 달성에 득보다는 오히려 해가 될 가능성이 더 크기 때문이다.

내방객에 대한 응대요령과 복장 및 매너는 물론 현지 언어와 문화에 대한 기본 지식에 대한 교육이 필요하며, 부스운영자 전원이 전시품 설명과 시연, 그리고 오감을 이용한 체험 기회 제공을 위한 수단과 방법에 대하여 충분히 숙지하고 있도록 하여야 한다.

또한, 부스 장치에 대한 신속한 보수 유지를 위한 운영사무소 등 주변 상황에 대한 현장 확인과 내방객의 시각에서 편안하고 접근이 용이하도록 항상 정돈된 부스상태 유지를 위해 충분한 사전 교육이 필요하다.

부스운영자 사전교육 과제

구분	내용
공지 및 안내사항	전시회 참가 목적, 목표 고객, 내방객 프로필, 전시회 일정 및 개장 시간과 전시장 현황, 장치 구조물 및 그래픽, 레이아웃 등 전시 부스 디자인 개요, 음료 서비스 준비, 개인별 업무 분장과 목표, 전시장 외 활동 계획, 직원 명단과 교대 및 휴식 스케줄, 부스 운영자의 정장 복장 등
내방객 응대 및 상담활동	마케팅 활동 계획, 인콰이어리 처리 프로세스, 기존 거래선 응대 계획, 잠재 고객에 대한 세일즈 리드 양식 작성법 설명, 세일즈 리드 검증 방법과 상담, 디스플레이할 전시품과 데모 및 PT 요령, 홍보용 인쇄물에 대한 설명

내방객 응대의 통일성

내방객의 문의 사항에 대한 통일성 있는 응대와 답변은 기업에 대한 신뢰도를 향상시키는 데 결정적인 역할을 한다. 반대로 그렇지 못한 경우에는 기업에 대한 신뢰감을 저해함은 물론이고 고객 불만을 야기할 수 있다.

부스운영자 전원의 통일성 있는 내방객 응대를 위해서는 참가목표와 전략, 업무분장 및 개인별 목표관리, 부스운영, 내방객 응대, 상담 진행 및 관리 등에 대한 충분한 정보 공유를 통한 공감대 형성이 필수적이다.

대부분의 전문 내방객은 방문 대상업체를 사전에 확인하여 동선계획과 함께 전문적인 요청이나 문의를 위한 질문을 준비한다고 한다. 이에 대해서는 부스 운영자들이 내방객에 대한 현장에서 제공하는 정보의 한계를 설정하여, 통일된 답변을 하는 것이 필요하다.

내방객에 대한 이러한 대응이 무성의와 접근을 거부하는 의사로 전달되지 않도록 주의가 필요하며, 이를 위해서는 부스운영자 전원을 대상으로 현장 경험이 많은 사람과 함께 예상 문제를 풀며 현장에서 발생할 상황에 대한 그림을 함께 그려 볼 필요가 있다.

아울러, 부스운영자는 복장이나 행동, 그리고 태도에 대한 통일된 주의가 필요하다. 한 사람도 이탈하지 않는 부스운영자 전원의 통일된 매너는 내방객으로 하여금 기업의 예측 가능성에 대한 이미지를 갖게 할 것이며, 이는 바로 신뢰감으로 연결될 수 있다.

부스 운영자가 지켜야 할 매너

구분	내용
해야 할 일	정장 복장하기, 밝은 표정으로 내방객 응대하기, 능동적인 자세로 응대하기, 내방객에 대해 먼저 접근하기, 진실성 있게 답변하기, 프로답게 행동하기, 부스 주변에 머물기, 부스 내에서 계속 움직이기 등
해서는 안 될 일	부스 안에 앉아 있기, 자기들끼리 잡담하기, 통로 쪽에 등을 돌린 채 내방객에게 무관심하기, 팔짱을 끼거나 얼굴을 찌푸리고 응대하기, 껌을 씹거나 식음료 취식하기, 책이나 신문 읽기, 전화 통화하기 등

내방객 응대의 전문성

부스운영자의 최종 목표는 세일즈 리드의 발굴과 실질적인 거래를 위한 상담을 진행하는 것이다. 이를 위해서는 거래 가능성이 높은 고객을 구별하여 고객 정보를 수집하고 보다 집중적으로 응대하여야 한다.

일반적으로 내방객에 대한 응대와 상담은 기업 및 제품에 대한 충분한 지식의 습득과 목표 고객에 대해 확실한 이해만 있으면 충분하다. 이를 위해서는 부스운영자 각자가 상담 방식과 세일즈 리드 관리, 데이터 수집 및 처리 방법 등을 숙지하면 된다.

그러나, 세일즈 리드로 전환 가능성이 높은 전문 내방객을 응대하기 위해서는 보다 전문성을 갖고 상담을 진행하여야 하며, 목표 달성을 위한 프로다운 책임감과 철저한 사전 준비 자세가 추가로 필요할 것이다.

주요 내방객과의 전문적인 상담이 진행되어야 하는 경우에 대비하여, 부스 운영자간에 전문 분야별 영역에 대한 상담을 전담케 하거나, 필요한 경우에는 본사의 전담조직과 연계하는 상담을 진행하는 방안을 사전에 마련하여 두는 것이 필요하다.

부스운영자는 처음 만나는 사람에게 불편함을 느끼지 않고 내방객을 평가할 수 있는 응대 스킬의 전문성이 필요하다. 내방객에 대해서 가능한 한 많은 정보를 주어야 한다는 생각보다, 내방객으로부터 상품이나 서비스에 대한 실제적인 요구 사항이나 관심을 확인하는 질문을 할 수 있어야 한다.

아울러, 내방객을 위한 전시품 시연을 위해서 무엇을 왜 보여 주는 것인지와 무엇을 위한 것인지를 명확히 하여야 할 것이다. 또한, 전시품 시연을 위한 장비의 기술적 특성과 사용법을 충분히 숙지하여 유사시에도 자연스럽게 대처할 수 있어야 한다.

부스 운영자 전문성 체크 포인트

- 기업의 참가목표 달성을 위해서는 부스운영자 개인별 목표 부여와 성과관리가 필요하며, 성과를 이루어 낼 준비가 되어 있는 부스운영자일수록 목표를 달성할 기회가 더 많아짐
- 부스운영자는 5초 이내에 내방객으로 하여금 긍정적인 인상을 줄 수 있으며, 부정적인 인상을 바꾸는 데에는 최소한 30분이 걸린다고 하므로, 항상 준비하고 긴장한 상태를 유지하여야 함
- 현장에서 만나는 고객에 대해서는 2~3분 내에 세일즈 대상 고객여부를 분류하여, 정보를 수집하고 상담을 마무리하며, 전시장의 특별한 상황에 대한 긍정적 자세는 더 많은 성과를 가져올 수 있다 함

내방객 유형별 응대요령

전시회를 방문하는 사람들 가운데 80~90%는 새로운 상품이나 서비스에 대한 구매 의사가 있으나, 나머지 10~20%는 부스운영자의 귀중한 시간만을 뺏어갈 사람이라 한다. 따라서 효율적인 자원의 활용을 위해서는 내방객의 행태를 유심히 관찰하여 각 유형별로 차별화된 대응이 필요하다.

전시된 물품이나 서비스에 대한 구매 의사는 없이 새로운 볼거리만을 찾아 이리저리 몰려다니는 사람이나, 선물만 받아가는 사람, 그저 명함만 던져 넣는 사람, 질문을 많이 하며 산업 스파이와 같은 행동을

하는 사람, 브로슈어나 판촉용 인쇄물을 수집하는 사람, 눈 맞추는 것을 의도적으로 피하거나 부스를 지날 때 딴청을 부리는 사람, 제품이나 서비스와 관계없는 대화만을 원하는 사람들은 그냥 지나치도록 내버려 둘 사람들이다.

홍보 및 광고 대행사 등의 영업 사원이나 확실한 목적으로 조사를 하는 사람, 항상 웃으면서 간절히 말하기를 원하는 사람, 일자리를 갖기 위해 네트워크를 만들기 위해 부스를 찾는 사람들은 전시 마케팅을 위한 당초 목표에 부합하는 방문객은 아니지만, 나중을 위해서 일단은 관심을 표현해 두는 것이 좋다.

전시된 물품이나 서비스에 직접적인 관심을 표시하는 행동을 보이는 사람들은 확실한 잠재 고객이다. 이들은 전시회 주최사나 관련 품목을 출품하는 참가업체의 사전 마케팅의 결과로 방문한 고객으로서 많은 시간을 할애하여 집중적으로 응대해야 할 고객이다.

내방객 유형을 분류하는 유효한 질문하기

구분	내용
불필요한 질문 피하기	• 의미 없는 질문: "요즈음 어떻게 지냅니까?" 또는 "전시회를 즐기고 있습니까?" 등은 바쁜 일정의 내방객에는 무의미하고 진지하지 못한 느낌을 줄 수 있음 • 간단한 대답으로 끝나는 질문: "전에 우리 상품을 본 적이 있습니까?" 또는 "우리 회사를 아십니까?" 등은 '예' 또는 '아니오'로 대화를 끝내게 됨
내방객을 평가하는 데 도움이 되는 질문하기	• 잠재 고객 여부를 판단할 수 있는 질문: "금년에는 어떤 연유로 전시회를 방문하게 되었습니까?" "우리 부스에서 관심을 끈 것은 무엇입니까?" "찾고자 한 것을 전시회에서 발견하였습니까?" 등을 첫 질문으로 사용할 수 있음

전시부스 기획

전시부스는 전시회가 개최되는 3~5일의 짧은 기간에 수많은 내방객들에게 기업과 제품에 대한 이미지를 전달하는 곳이다. 기업이 원하는 메시지를 효과적으로 전달하기 위해서는 중·장기적인 마케팅 전략을 담은 컨셉이 구현된 메시지와 디자인의 부스장치와 전시품 디스플레이가 필요하다.

전시부스를 방문하는 내방객의 기억에 가장 오랫동안 남는 것은 부스의 규모와 장치디자인, 그리고 전시품에 대한 시연이나 체험의 느낌이라고 한다. 기업을 대표하는 상품이나 서비스의 실물은 없고, 카탈로그나 그래픽 등의 홍보 자료만 진열하는 것은 내방객을 끌어들이기는 효과는커녕, 오히려 기업 이미지에 해를 끼칠 수 있을 것이다.

부스장치는 내방객을 부스 안으로 끌어들이는 데 초점을 맞춰야 한다. 사람들의 시선을 사로잡고 관심을 유발함은 물론, 쉽게 접근할 수 있으면서도 편안하고 재미있는 분위기 연출을 위한 부스장치 디자인과 전시품 디스플레이가 필요하다.

내방객을 부스 안으로 유도하여 상담의 기회를 만들기 위해서는, 전문 디자이너에게 의뢰하여 차별화된 디자인을 개발할 필요가 있다.

상품의 메세지를 전달하는 디자인   스토리텔링의 디스플레이

전시회 참가목표 및 부스운영 계획에 대한 상세한 설명과 전시회 내 방객 동향과 전시관 Floor Plan을 참고하여 효율적이고 실현가능한 전시부스의 컨셉과 디자인을 개발하여야 한다.

전시품 시연을 위해서는 스토리텔링의 개념을 염두에 둔 프레젠테 이션과 오감을 통한 메시지의 전달과 내방객의 기억에 남을 체험의 기회가 필요하다. 단순히 전시품만 진열하기 보다는 동적인 디스플레 이로 내방객을 대상으로 하는 메시지 전달이 필요하며, 내방객의 오 감에 전달될수록 그들의 기억에 오래 남을 수 있기 때문이다.

장치 디자인

부스장치는 전시분야 산업의 특성, 참가기업의 규모와 문화, 전시품 의 크기, 개최지 문화와 주최사의 미션 등에 따라 전반적인 전시장 분 위기가 다른 경향을 보이고 있다.

이러한 차이는 디자인 수준과 장치물의 소재, 개별 참가업체의 부

끊임없이 시선을 끄는 매력적인 디자인

스 타입이나 크기 등에 따른 것으로, 특히, 고부가가치나 첨단의 하이테크 산업의 전문전시회는 대부분이 Customized 부스장치로 디자인이나 소재의 고급화 수준에서 확실한 차이를 보이고 있다.

전시장을 방문하는 내방객을 대상으로 4~5초의 짧은 순간에 기업의 이미지와 제품의 특성을 효과적으로 전달하기 위해서는 구조물의 높이와 색상, 그래픽 및 디스플레이를 대상으로 차별화된 임팩트 있는 장치디자인 개발이 필요하다.

매력적인 디자인 개발을 위해서는 전시장의 실내·외 환경이나 내방객 동향 등을 고려하여야 한다. 조명이나 부스 내부 및 통로의 카펫 색상, 인접 부스의 장치 디자인 등을 고려하여, 장치 구조물의 설치 위치와 크기, 그래픽의 소재와 색상, 조명 위치 등에 대한 고유의 디자인 개발이 필요하다.

전시장 천정 행잉 배너와 장치 구조물의 그래픽은 기업 이미지와 브랜드의 노출을 위하여 주 통로를 지나는 내방객들이 멀리에서도 인식할 수 있도록 높이와 조명, 색상 등에 관심을 가져야 한다. 아울러, 전시품 디스플레이를 위한 스포트라이트의 설치와 제품의 스타일을 강조하는 소품의 사용을 적극 검토할 만하다.

특히, 부스내벽에 설치한 포스터와 그래픽, 전시품 등이 통로를 지나는 내방객의 외부로부터의 시선을 차단하는 경우가 있기 때문에 전시부스 사명판이나 임시 구조물의 설치 위치와 높이에 관심과 주의가 필요하다.

전시품 디스플레이

커뮤니케이션 요소 가운데 시각, 촉각 등은 말이나 글보다 훨씬 전달 비중이 크다고 한다. 따라서 효과적인 정보 전달을 위해서는 양방향 커뮤니케이션을 위한 전시품의 시연과 내방객으로 하여금 오감을 통한 체험 기회를 제공하는 동적인 디스플레이가 필요하다.

전시품 디스플레이를 위해서는 제품의 규격이나 중량, 수량을 고려하여 전시대 및 선반 등을 이용한다. 기계장비와 같은 대형 전시품은 실물이 불가능한 경우에는 축소된 모형 또는 핵심 장치나 부품의 기능에 관한 비디오 영상을 준비하거나, 제품의 특성을 알리기 위한 전시용 목합을 제작하여 전시한다.

제품이 너무 작은 경우에는 확대된 모형이나 제품별 특성에 맞는

시선을 사로잡는 디스플레이

쇼케이스와 함께 스포트라이트 및 확대경 등을 사용하여 놀라움과 재미를 더할 수 있다. 또한, 실물이 없는 정보 및 서비스 상품의 경우에는 스타일을 강조하기 위한 소품이나 사례 등을 보여주는 것이 필요하다.

전시품에 대한 동영상 PT를 위해서는 무엇을 보여 줄 것인지와 전시품의 특성, 장점이 무엇인지를 강력하고 명확하게 보여 주는데 초점을 맞추어 영상을 제작하여 상영한다. 다수의 내방객을 대상으로 하는 PT는 고객의 흥미를 유발함을 목표로 짧게 1~2분간만 진행하고, 개별상담을 통해서 추가적인 정보수집에 집중하는 것이 좋다.

아울러, 제품의 시연을 위해서는 전력과 상하수도, 압축 공기, 인터넷 등의 필요한 유틸리티와 A/V 장비와 비품 등에 대한 사전 주문과 확인이 필요하며, 특히, 개막 전일 모든 준비를 완료한 상태에서 실제

상황과 같은 리허설을 진행함으로써 추가적으로 필요한 사항에 대한 확인과 보완을 위한 시간과 기회를 확보할 수 있다.

그래픽 홍보물

그래픽은 기업의 로고 및 상호 등을 최대한 노출시키기 위하여 적극 활용하는 것이 필요하다. 내방객의 시선을 끌어들여서 기업 이미지와 제품 브랜드를 효과적으로 전달하기 위해서는, 매력적이면서도 강조된 서체로 간결하고 명확하게 표현되어야 한다.

전시장 내방객들은 그래픽을 통해 보통 6초 안에 메시지를 전달받지 못하면 그냥 지나치게 된다고 한다. 그리고 사진은 수천 마디의 단어를 표현한다고 한다. 따라서 필요한 메시지는 텍스트만으로 전달하기보다는 관심을 끄는 이미지와 조합된 그래픽이 더욱 효과가 크다.

이미지와 텍스트의 그래픽

홍보물에 적혀 있는 모든 단어를 읽을 시간을 가진 방문자는 거의 없다. 따라서 기업 이미지 홍보와 내방객을 유도하는 메시지 문구는 가능한 간결하게 일곱 단어 이내로 사용하는 것이 좋으며, 광고 효과가 크다는 'New'를 사용하여 새로움을 강조하는 것이 좋다.

그래픽은 내용이 많은 것보다는 색상, 움직임, 서체 등에 반응한다고 한다. 또한, 전시장치 구조물의 규격이나 부착 위치 등에 따라 다르겠으나 그래픽은 양이 많은 것보다 대형 그래픽을 선택하는 것이 효과적이다.

그래픽은 주로 전시부스 트러스 또는 상부 타워나 내·외부 벽면에 백 드롭이나 패널 또는 걸개식 액자 등의 형태로 제작하며, 전시장 천정에 행잉으로 설치하거나 이동식 X형 배너용으로 제작하여 사용한다.

타워형 배너

천정 행잉 배너

그래픽 제작은 행사 6~8주 전에 충분한 시간을 두고 제작 계획을 마련하는 것이 좋다. 그래야 많은 관계자에게 스트레스를 덜 주고, 시간의 압박에서 오는 많은 실수를 피할 수 있으며, 급하게 주문하는 경우에는 상당한 추가 비용을 부담하게 된다.

장치감리 및 점검

참가신청 시 부스 타입을 Package Booth로 선택한 경우에는 주최사에서 공시한 디자인의 기본적인 부스 장치와 집기가 제공된다. 따라서 전시부스의 컨셉을 강조하기 위한 그래픽이나 구조물 등 추가와 변경이 필요한 경우에는 적기에 주최사에 문의하고 요청하여야 한다.

Space Only 조건으로 참가를 신청하면, 독립적으로 부스장치를 설치하여야 한다. 이를 위해서는 디자인 개발 및 시공을 위한 업체를 물색하여, 부스 장치물과 그래픽 디자인 및 제작, 집기 및 유틸리티와 유지 보수 서비스, 디자인 개발과 시공 및 철거 일정 등을 내용으로 하는 계약을 체결한다.

이와 같은 Customized 부스장치는 구조물의 고도 및 행잉물 설치에 관한 제한 등 안전 규정에 따라서 설계 및 설치되어야 한다. 따라서 장치를 시공할 업체는 주최사에 대하여 사전에 부스장치를 위한 실행도면을 시공계약서 및 참가업체 위임장과 함께 제출하여 부스설치 계획에 대한 사전 승인 절차를 거쳐야 한다.

이는 소방 및 안전시설에 대한 보호와 공용 시설 및 면적에 대한 침해를 방지하기 위한 것으로, 부득이하게 당초에 승인을 받은 부스 설계에 변경이 필요한 경우에는 추가 승인을 받아야 한다. 사전에 승인

받은 설계도면과 다른 내용의 장치 시공에 대해서는 주최사로부터 철거 또는 철수 조치를 받게 될 수도 있음에 주의하여야 한다.

부스장치시공 현장작업은 주최사에서 사전에 공지하는 통상 전시회 개막 2~3일 전의 Move-in 기간에만 가능하다. 따라서 장치업체는 현장에서의 시간외 작업 시 부담해야 할 전기 및 공조 설비 추가 사용료를 감안하여, 필수 구조물을 사전에 제작하거나, 현장 작업 시 투입 인력을 확대하여 작업일정을 관리하여야 할 것이다.

부스장치 시공은 개막 전일 부스관리자의 운영자 전시품 디스플레이 및 사전 준비 일정을 감안하여 통상 1일 전 오전 10시 이전에 공사가 완료되어야 하며, 현장에서는 인근 또는 자체 구조물의 붕괴나 추락, 지게차 및 운반도구와의 충돌과 미끄럼 등의 안전사고에 대한 충분한 대비가 필요하다.

인접 부스의 장치 시공 시 구조물 붕괴 현장

부스관리자는 개막전 가능한 빠른 시기에 장치공사에 대한 감리를 하여야 한다. 최종 합의한 설계도면을 기준으로, 구조물 및 그래픽의 수량과 설치 위치, 집기 및 비품의 수량과 상태, 유틸리티 설치 상황 등에 대한 사전 점검이 필요하며, 전시회 기간중 하자발생에 대비한 점검 등 유지보수 방안을 마련하여야 한다.

　아울러, 일부 전시회는 주최사 또는 전시장 측에서 안전 관리를 명분으로 전력사용을 위한 배선이나 조명기구 작업을 특정 Service Providers가 독점토록 하고, 외부 업체의 작업을 제한하는 경우도 있다. 따라서 1일 전부터 이에 대한 서비스 신청이 집중되어, 추가 및 보완이 불가한 상황이 발생할 수 있음에 대비하여야 한다.

4-6 전시물품 물류 및 현장관리 출장

Move-in/out 규정 등 매뉴얼 숙지 및 현지 준비활동 일정 우선의 물류와 출장

물류기획

전시물품에 대한 물류 서비스는 통상 운송업체(Forwarder)가 지정하는 화물 집하지에서 전시부스까지 Door-to-Door 서비스를 조건으로, 국내 운송 → 보관 및 통관 → 선적 → 해상 및 항공 운송 → 목적지국 내륙 운송 → 통관 및 보관 → 전시장 반입 등의 과정을 거치게 되며, All Risk 보험가입을 조건으로 한다.

전시물품은 현장에서 진행될 부스운영자의 전시품 디스플레이 일정에 차질이 발생하지 않도록 늦어도 2일 전에 전시장 반입이 완료되어야 한다. 따라서 사전 준비를 위한 소요 기일을 반영하여 역산함으로써 운송 수단 및 발송 일정을 정한다.

전시장으로 보낼 물품은 전시상품 이외에 그래픽이나 디스플레이 소품, 샘플, 카탈로그 같은 상담 자료, 기타 홍보물과 선물용품 등이

다. 발송할 물품을 선정하기에 앞서 보세 또는 면세통관이 제한되는 물품과 수량 및 유의 사항에 대해 사전에 확인하고, 필요한 경우 함께 제출해야 할 증

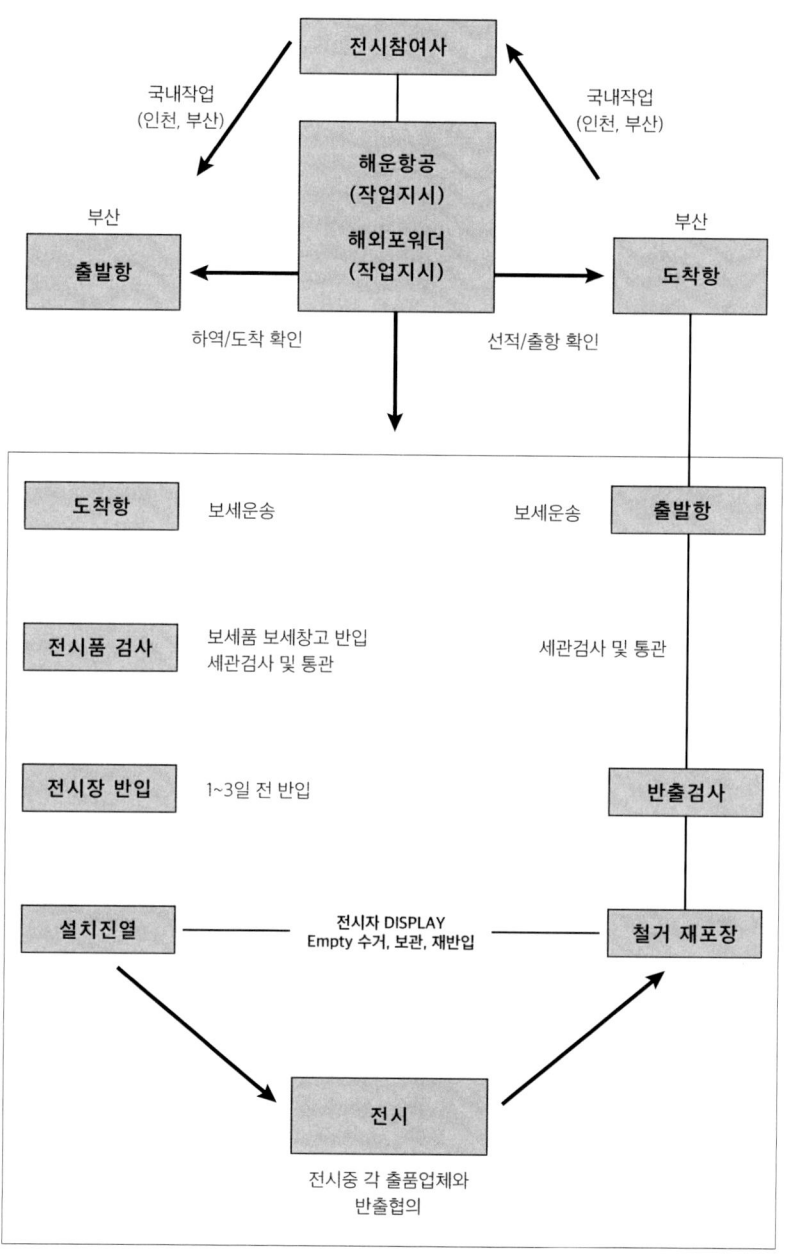

빙이나 관련 서류를 준비하여야 한다.

　운송을 의뢰한 이후에는 현지에서의 사전 준비일정에 차질이 없도록, 전시물품의 이동상황에 대한 점검과 확인이 필요하다. 특히, 치안이 불안한 국가와 도시에서는 분실 및 도난의 위험에 대비하고, 물류 관련 단체의 파업으로 인한 일정 차질에 대비하여 전시물품 운송과정에 대한 트래킹과 수시 점검이 필요하다.

　또한, 화산 폭발이나 지진, 태풍과 해일, 쓰나미 등 천재지변으로 일정이 지연되어 환적이 지체되거나 철도 파업 및 치안 문제, 공항 폐쇄 등의 불가항력 사태가 발생하는 경우에 대비하여 휴대 가능한 전시물품을 준비하는 Contingency Plan이 필요하다.

전시물품 발송

　전시물품 발송을 위해서는 중량과 부피, 위험물 여부, 파손 가능성 등을 고려하여 선편이나 항공편 등 적정한 운송수단을 선택하여야 한다. 아울러, 전시할 상품의 준비 일정이 촉박하거나 변형이나 파손의 위험이 높아 특별한 관리가 필요한 제품은 여행자 휴대물품으로 운반하는 것도 고려할 만하다.

　발송할 전시물품의 부피와 중량이 큰 경우에는 운송기간은 상대적으로 오래 걸리더라도 가격조건이 좋은 선편을 이용하는 것이 좋으나, LCL(Less than Contaier Load) 또는 FCL(Full Container Load) 등 물량에 따라서, 통관이나 선적 일정 등에 많은 차이가 있다.

　특히, LCL의 경우에는 소량의 물량을 발송하는 다수의 화주로부터의 주문을 통합하여 선적하여야 함에 따라, 운송일정의 통제가 불가하며, 발송비용은 실제 물량이 아닌 CBM(Cubic Meter) 단위로 요금이 부과됨을 참고하여야 한다.

부피와 중량에 부담이 없는 전시물품은 운송기간 단축을 위해 항공편을 이용하는 것이 좋다. 항공편 화물 이외에도 EMS나 특사편을 이용할 수 있으나, 국제우편의 경우에는 목적지 국가별로 관세 및 부가세 등의 부과될 수 있으므로, 현지에서 수신을 대행할 사람의 연락처를 사전에 확인하여 사전에 Airway Bill 사본을 전달하여 물품 수령을 요청해 두어야 한다.

운송 및 통관을 위한 서류는 목적지국에서 요청하는 상품인증 관련 서류와 함께 반송 및 현지처분 대상을 명기한 CIPL(Commercial Invoice Packing List), 전시품의 분실과 손상 위험에 대비한 보험가입 증권, 기타 IP 관련 서류 등이 준비되어야 한다.

특히, 전시회 폐막 후 반송할 물품이 아닌 현장 배포용 샘플이나 선물용품 등에 대해서는 면세가 허용되는 수량 및 금액의 한도를 확인하고, 발송할 물품의 단가와 수량을 명기하여야 한다.

전시물품의 포장은 카톤 박스를 사용한 내부 포장 후에 운송 과정에서의 파손이나 도난 및 분실에 대비하여 목재 박스를 사용하거나 Palletizing을 하는 것이 일반적이다.

또한, 통관이나 전시장에서의 디스플레이를 위한 포장해체와 재포장이 예상되는 경우에는 작업의 편의와 시간 절약을 위하여 못을 사용하기 보다는 볼트와 너트를 사용하는 등 포장재와 포장방법 선택에도 세심한 주의와 관심이 필요하다.

구분	내용
Description of Contents	제품명, 모델명, 성분 및 제품에 대한 대략적인 설명
Classification	Consume/Return/Sold/Abandoned 구분 표기
Invoice Value	US Dollar로 표기(샘플 및 카탈로그 등 포함)
Gross/Net Weight	통관 및 운반에 필요한 제품 당 무게
H.S Code	통관에 필요한 세번부호

전시 물품 포장 체크 포인트

구분	내용
Wooden Packing	• 해상 운송 전시 물품은 환적 및 운반 시 외부로부터의 충격에 대비하여 방수 및 견고한 포장 필요 • 포장 마감은 해체 및 재포장 시 편의를 위해 나비볼트 사용
진공 포장	• 기계 및 부속품 등은 녹 방지제 살포 후 진공 포장
기타	• 음식, 음료, 담배, 위험물 등 전시품 이외 물품은 별도 포장

통관 및 반입

국제적인 전시회는 통상 전시장을 보세구역(Bonded Area)으로 설정하여 운영하며, 전시회 출품을 목적으로 반입되는 모든 물품에 대해서는 사후 재수출 이행을 조건으로 보세 통관함이 일반적이다. 따라서 전시회가 폐막되면, 보세 통관하여 반입한 모든 전시물품은 국외로 반출되어야 한다.

국가별로 수입국의 안전 및 위생 관리에 관한 법률과 규정에 따라 일부 품목에 대해서는 수입이 금지되거나 제한될 수 있다. 그러나 전시회 출품을 목적으로 하여 반입하는 물품에 대해서는 사후 반출을 조건으로 임시 수입을 허가하되, 사후조치를 담보로 하는 이행보증금을 예치하도록 규정하는 경우도 있다.

이러한 조치는 목적지국에서 자국의 시설안전과 보호 및 국민의 위생과 건강에 대한 피해를 예방하기 위한 목적으로, 주로 위험물이나 통신장비 및 기기, 위생 및 건강에 관한 상품, 기타 특수한 사유로 국내 반입에 대한 통제가 필요한 상품을 대상으로 한다.

일부 전시회는 전시품의 분실 및 파손 등의 위험에 대비하여 고가의 장비와 특수 상품에 대해서는 과다한 보증금 예치를 요구하기도 한다. 따라서 전시품을 결정하거나, 전시물품 발송을 위한 인보이스를 작성하기 이전에 주최사를 통하여 전시품 통관 제도 및 반입 조건 등에 대한 충분한 사전 검토가 필요하다.

아울러, 전시품을 휴대물품으로 운반하는 경우에는 보세 통관이 가능한 상품과 수량 등에 대한 조건을 사전에 확인하여 ATA Carnet을 발급받거나, 과세통관에 대비하여 물품의 수량과 단가를 기록한 인보이스를 소지하여야 한다. ATA Carnet은 전시품 보세통관에 관한 국제협약에 의거한 제도로서, 국내에서는 대한상공회의소에서 발급하며 소정의 수수료를 부과한다.

통관 및 반입 체크 포인트

구분	내용
사전승인 대상품목	수입국에 따라 다르나, 주로 전자 기기 및 부품, 건강 및 미용 등은 별도 사전 승인 절차 필요
반송대상 전시물품	전시물품 발송시 반송 대상임을 인보이스에 명기

전시품 현장관리

운송사를 통하여 발송한 전시물품의 전시장내 물류 일정은 통상 늦어도 개막 3일 전까지 전시장 보세창고에 입고되어 보관되어 있다가, 개막 2일 전부터 기계나 장비 등 중량물을 시작으로 전시부스로 배달하고, 포장을 해체하여 부스운영자에게 인계하는 것으로 발송 절차가 완료된다.

전시물품을 현지에서 조달하거나 핸드캐리(Hand-carry)로 운반하는 경우에는 주최사에서 사전에 공지한 Move-in/out 일정을 숙지하여야 한다. 개막 전일 전시장은 참가업체 출장자와 장치와 물류를 위한 외부 용역의 출입이 급증하여, 안전사고 예방을 위해 크레인이나 지게차 등 중량물 운반 장비의 사용시간을 엄격히 통제하기 때문이다.

일부 전시회는 전시장내에서의 전시품이나 포장재 배달 등 전시물품 딜리버리 서비스는 물론, 이를 위한 장비 렌트 서비스를 특정 업체에 제한하여 허용함에 따라, 참가업체가 물류일정을 선택할 수 없는 상황에 처하게 될 수 있음에 주의하여야 한다.

전시회가 개막되어 경비시스템이 가동되기 전까지는 전시물품의 분실이나 도난 사고가 빈번하므로 이에 대한 특별한 주의가 필요하며, 반송을 위한 재포장을 위하여 해체된 포장재는 전시회 공식 물류창고에 보관을 요청한다.

전시회가 폐막되면, 운송사에 대해 공식 물류창고에 보관중인 포장재의 배달을 요청하고, 내·외부 포장을 완료하여 반송을 요청한다. 전시물품의 신속한 사후 처리를 위해서는 전시품을 인수할 때, 포장재

재사용 및 반송 여부를 사전에 통지하고 내부 포장용 카톤 박스는 부스 내에 자체 보관 관리하면 보다 편리한 처리가 가능하다.

전시물품에 대한 사후조치로 보세통관 전시품의 재수출을 이행함은 물론이고 임시 수입을 위하여 기 납부한 보증금이 있는 경우에는 환불을 신청하고, 반송을 위한 선편 및 일정과 비용을 사전에 확인한다. 전시회 현장에서 전시품을 판매하는 경우에는, 수입통관을 위한 관세 및 부가세 납부와 수입신고 절차를 완료하여야 인도가 가능하다.

전시물품 현장처분 및 반송 포인트

구분	내용
전시품 현장 처분	• 임시통관 후 반입한 전시품을 현지에서 판매하기 위해서는 정식 수입통관 절차를 밟아야 함 • Tax & Duty 및 통관사 수수료 비용이 발생함
전시물품 반송	• 전시물품 반송을 위한 포장재 중 Inner Box는 전시부스에 보관, Wooden Box 및 Pallet은 운송사를 통하여 전시장 물류창고에 보관을 요청함 • 전시회 폐막 1일 전 전시물품 반송을 위해 List of Returning Exhibits (Consumed, Returned, Given Away or Abandoned 표기)를 운송사에 전달함

부스관리자 현장출장

부스관리자의 출장일정은 현지에서의 전시회 개막 이전과 폐막 이후의 추진과제를 원활하게 수행할 수 있도록 현지에서의 활동일정을 감안하여 결정하여야 하며, 통상 주최사에서 안내하는 공식 행사일정을 기준으로 늦어도 2일 전에 도착하고 전시회가 공식 폐막하는 시점까지 계속 체류하여야 한다.

현장에서 수행할 과제는 개막 전에 부스장치에 대한 감리 및 보완, 전시물품 인수 및 디스플레이, 출입증 및 주최사가 제공하는 참가업체를 위한 키트 수령, 유틸리티 및 기타 서비스 신청사항에 대한 확인 등이며, 현장사무국을 운영한 이후, 전시회가 폐막되면 전시품 반송, 전시부스 철거 관리, 유틸리티 비용 정산 등이다.

전시장 출입증은 사전에 각 참가업체에 배달되는 경우도 있고, 부스 운영을 위한 출장자가 개막전일 수령하는 경우도 있다. 참가업체를 위한 출입증은 Exhibitor로 표기되어 통상 개막 1시간 전부터 출입이 가능하나 내방객을 위한 Visitor용 출입증으로는 개막시간 이전이나 폐막시간 이후에는 출입이 불가능함에 주의하여야 한다. 또한, Exhbitor용 출입증으로는 사전에 신고하지 않고 외출하는 경우에는 재 입장이 제한되는 경우도 있다.

또한, 현장에서 원활한 업무수행을 위해서는 그동안 수행하던 사항에 대한 정리와 함께 이벤트북을 준비하는 것이 좋다. 세부 추진과제별 일정과 현장인력 업무분장, 비상연락망 등과 주최사는 물론 부스장치와 전시물품 물류를 위한 계약서 사본과 주요 업무연락 문서의 복사본을 준비하는 것이 좋다.

출장 준비를 위해서는 공식 홈페이지를 통하여 현지 기후 및 날씨 정보와 숙소 등 체류 정보, 전시장 주변의 은행과 ATM 및 환전소 현황 등의 정보를 확인하여 필요한 준비를 한다. 그리고 출입국을 위한 여권 및 비자 준비와 항공편 및 숙소 예약 등은 시간적 여유를 두고 미리 진행하면, 비용 절감도 기대할 수 있다.

현장 관리 출장 체크 포인트

- 출입증은 매뉴얼에 공지한 온라인 또는 우편을 통해 받게 되며 성명과 직책, 기업명 등이 기록되어 있어 전시 기간 중 내방객이 알아볼 수 있도록 패용하여 사용함
- 장치 업체 및 운송사 인력 출입을 위한 출입증 주문과 함께 전시물품 운반을 위한 차량 출입 및 주차증도 신청하여야 함
- 숙소가 멀면 이동하는 데 많은 시간이 소요되고 부스운영자들이 전시회 개장 시간에 늦을 수도 있으며, 다른 참가업체나 내방객이 많이 투숙한 숙소에서는 그들과의 교류 기회가 있음

글로벌 시장진출을 위한 실전에 대비하여 나만의 효율적인 전시마케팅 전략을 개발하자

이 책을 쓰게 된 이유는 전시마케팅의 실무 경험과 노하우가 부족하여 글로벌 시장진출에 어려움을 겪는 기업 및 담당자들에게 도움이 되고자 하는 마음이 들었기 때문이다.

해외전시회 참가를 지원하는 정부 및 유관 기관 등은 경기장 밖에서 선수를 응원하고 지원하는 서포터즈일 뿐이고, 전시회라는 경기에서 뛰어야 할 선수는 바로 자신이라는 인식이 필요하다.

모든 일은 아는 만큼 보이는 법이다. 길을 모르면 결국 돈으로 메워야 하는 것이 현실이다. 이 책이 독자 여러분의 성공적인 전시마케팅을 위한 길잡이로 사용되기를 바란다.

본 책의 내용에 대한 문의가 필요하거나, 전시마케팅 전략에 관한 상담이 필요한 경우에 대비하여, 2017년 연초에 '글로벌 시장진출을 위한 전시마케팅 실무 가이드' 블로그를 열어 운영할 예정이니 적극 활용하기 바란다.

아무쪼록 독자 여러분 모두가 나만의 효율적인 전시마케팅 전략을 개발하여, 중장기적인 성장기반 구축을 위한 글로벌 시장진출에 성공하기를 기대하며 힘찬 응원의 박수를 보낸다.

부록 1. 전시회 관련 주요 사이트
(Useful Links)

◎ 전시회정보 데이터베이스(Exhibition Databases)

Expodatabase: http://www.expodatabase.com

Expodabc: http://www.expoabc.com

Expopromotor: http://www.expopromoter.com

Bvents: http://www.bvents.com

AUMA: http://www.auma.de

Biztradeshows: http://www.biztradeshows.com

TSNN: http://www.tsnn.com

Eventseye: http://www.eventseye.com

Expofairs: http://www.expofairs.com

◎ 전시산업 연구기관(Organizations for Exhibition Research)

Asia: BSG http://www.bsgasia.com

Germany: University of Cologne http://www.uni-koeln.de/wiso-fak/
messe

Italy: Cermes http://www.uni-bocconi.it

USA: CEIR http://www.ceir.org

USA: GPJ http://www.gpjco.com

Russia: R&C http://www.rnc-consult.com

◎ 주요국 전시산업 협회(National Associations related with the Exhibition Industry)

Hong Kong SAR: HKECIA http://www.exhibitions.org.hk

Singapore: SACEOS http://www.saceos.org.sg

Taipei: MEET TAIWAN http://www.meettaiwan.com

South Africa: EXSA http://www.exsa.co.za

France: FSCEF http://www.foiresaloncongres.com

Germany: AUMA http://www.auma.de

Great Britain: AEO http://www.aeo.org.uk

Italy: AEFI http://www.aefi.it

Canada: CAEM http://www.caem.ca/CAFE
  http://www.canadian-fairs.ca

Mexico: AMPROFEC http://www.amprofec.org.mx

USA: SISO http://www.siso.org/TSEA http://www.tsea.org

Brazil: UBRAFE http://www.ubrafe.com.br

South America: AFIDA http://www.afida.org

◎ 전시산업 유관단체(International Associations related with the Exhibition Industry)

AIPC(International Association of Congress Centre) http://www.aipc.org

BIE(Bureau International des Expositions) http://www.bie-paris.org

CEFA(Central European Fair Alliance) http://www.cefa.biz

CENTREX(Int'l Exhibition Statistics Union) http://www.centrexstat.org

IAEE(Int'l Association for Exhibition Management) http://www.iaee.com

IELA(International Exhibition Logistics Association) http://www.iela.org

부록 2. 전시산업 전문용어
(Exhibition industry terminology)

A

A/V(오디오/비디오 장비) Audio/visual support such as television monitors, VCRs or taped music.

A/V Contractor(오디오/비디오 장비 공급업체) A supplier of audio/visual equipment and services.

Advance Order(사전 주문) An order for services sent to the service contractor prior to the installation date. Compare with Floor Order.

Advance Rates(사전 주문가) Fees associated with advance orders, which typically include discounts when paid in advance.

Advance Receiving(사전 접수) Location set by show management to receive freight before the start of show. Freight is stored at this location and then shipped to the show at the appropriate time.

Agent(에이전트) A bona fide representative with proper credentials from the party represented.

Air Freight(항공운임) Goods shipped via airplane.

Aisle(전시장내 통로) A walkway intended for audience movement through an exposition or exhibit.

Aisle Carpet(전시장내 통로 카펫) Carpeting installed in trade show aisles.

Aisle Signs(전시장내 통로 번지수) Signs, usually suspended, identifying exposition aisles by number or letter.

Assembly(전시부스 조립) The process of erecting an exhibit from its components. Also called Installation, Set Up.

At-site(현장) See On-site.

Attendees(내방객) Those persons who visit an event that are not exhibiting or connected with the event itself.

B

Back-light(후면 조명) A light source that illuminates translucent material from behind.

Backwall(후면 벽) The panels at the rear of an exhibit.

Backwall Exhibit(벽면 부스장치) An exhibit that is back-to-back with another exhibit or against a building wall.

Baffle(파티션) A partition designed to control light, air, sound, or traffic flow.

Banner(이동식 사인물 판넬) A suspended panel used as a decoration or a sign, usually made of fabric or paper for temporary use.

Banner stands(배너 설치대) banner mounted on/in a framework for quick displays.

Bill of Lading(B/L) A document that establishes the terms between a shipper and a transportation company for the transport of goods between specified points for a specified charge. Also see Air Waybill, Inland Bill of Lading, Ocean Bill of Lading, Through Bill of Lading.

Blanket Wrap(목재상자 없는 포장) Uncrated goods covered with blankets or other protective padding and shipped via van line. Also called Pad Wrap.

Blueprint(설계도) A scale drawing of booth space layout, construction, and specifications.

Bonded store(보세창고) where exhibitor goods are kept until customs duty is paid.

Boneyard(포장재 보관소) A storage area for empty crates and contractor materials.

Build-up(부스 설치) to erect structures at an exhibition, before the show opens to visitors.

Break-down(건축물 철거) to dismantle and remove structures, after the exhibition has closed to visitors.

C

C.I.F.(Cost, Insurance, Freight)(가격, 보험료, 운임) A pricing term indicating that these charges are included in the stated price.

CAD/CAM(컴퓨터 디자인/컴퓨터 제작) Computer-Aided Design/Computer-Aided Manufacturing.

Carpenter(장치 숙련공) A skilled worker used to build, install and dismantle stands and structure an exhibition.

Carpet Tape(카펫 부착용 양면테이프) Double-sided tape used to adhere the edge of a carpet to the floor.

Carnet's(아따 까르네) document issued to companies exhibiting overseas allowing them to import goods for an exhibition, free of custom duty, provided that the goods are exported after the exhibition.

Carrier(운송사) A transportation line moving freight. Usually a van line, rail line, or air carrier.

Cartage(운임 / 단거리 운반) (1) The fee charged for transporting freight. (2) The moving of exhibit properties over a short distance.

Casual labour(임시 용역) employed to help organisers or exhibitors deliver goods to, or remove from stands or areas within the exhibition.

Catalogue(카탈로그) Official publication of an exhibition, listing all exhibitors plus general information.

Certificate of Inspection(선적검사 확인서) A document certifying that merchandise was in good condition immediately prior to its shipment.

Cherry Picker(크레인) Equipment used to lift people to a given height.

Clean Bill of Lading(무하자 B/L) A carrier-issued receipt indicating that transported merchandise was received in apparent good condition.

Column(전시장내 기둥) A pillar in an exhibition venue which supports the roof or other overhead structures. Usually shown on a floor plan as a solid square.

Commercial Invoice(상업 송장) An itemized list of shipped goods.

Confex(컨퍼런스 부속전시회) An exhibition held alongside a conference.

Consignee(화물 인수자) A person to whom goods are shipped.

Consignment(화물 탁송) A delivery of merchandise from an exporter (the consignor) to an agent (the consignee) under the agreement that the agent will sell the merchandise, receive a commission, and remit the net proceeds to the exporter.

Consignor(송하인) A person who sends freight.

Consolidate(소량 화물 통합하기) To ship freight to a central depot where several loads bound for the same destination are put together before being shipped to that destination.

Construction Drawing(건축 도면) A drawing which gives detailed diagrams and instructions for building an exhibit.

Consumer shows(일반인 대상 전시회) open to the public.

Contractor(공급 계약자) An individual or company that provides services or materials to a trade show and/or its exhibitors. Also see Official Contractor.

Corner stand(2면 오픈 전시 부스 공간) An exhibit space with exposure on at least two aisles.

Crating List(목재상자 리스트) An itemized list of the contents of a crate.

Creeping(부스공간 침범) where an exhibitor uses space outside of the demarked stand area booked.

Cross-aisle(주 통로 교차 골목길) An aisle at a right angle to a main aisle.

Cubic Content(CBM) Literally, length x width x height. Measurement used in determining shipping costs for van lines.

Custom Exhibit(주문형 부스장치) A display designed and built to meet the specific needs of an exhibitor.

Damage Report(화물손상 보고서) A report submitted by an exhibitor to a freight company or drayage contractor itemizing damage to shipped goods.

Declared Value(신고가격) A shipper's stated value for the contents of a shipment.

Decorator(부스 장식가) An individual (skilled craftsperson) or company (a contractor) providing services for a trade show and/or its exhibitors.

Designers(디자이너) individuals or companies who design exhibition stands.

Dismantle(부스 해체하기) To take apart an exhibit. Also known as Break-down.

Distribution board(전력 배전반) - single phase or three phase board bringing power to a stand or area of the exhibition.

Dock(화물 플랫폼) A platform where freight is loaded onto and removed from vehicles or vessels.

Dolly(짐수레) A low, wheeled frame with a platform used for carrying heavy or cumbersome objects.

Double-decker(2층 부스) A two-storied exhibit. Also known as double story exhibit.

Draper(직물 처리기사) A craftsperson who installs drapes, fabric, and special decor.

Drayage(전시장 물류) The movement of show materials from shipping dock to stand for show set up and back to dock for return shipment at end of show.

Drayage Contractor(물류 업체) A company responsible for handling exhibit materials at a trade show.

Drayage Form(물류 신청양식) A form completed by an exhibitor requesting handling of materials.

DW(과다 중량) Deadweight. (tons of 2240 lbs.)

E

Easel(전시품 스탠드) stand for displaying objects.

Electrical Contractor(전기공사 업체) A company hired by show management to provide electrical services to exhibitors.

Elevations(조감도) Scaled drawings depicting front and side views of an exhibit.

Event Marketing(이벤트 마케팅) Face-to-face promotional experiences between customers and companies.

Exclusive Contractor(독점 계약업체) A contractor appointed by show management as the sole provider of specified services.

Exhibit Designer/Producer(부스 다지이너/장치사) Company responsible for designing and constructing exhibit stands.

Exhibit Hall(전시관) The area(s) within an exhibition centre where exhibits are located.

Exhibit Manager(부스관리자) Person in charge of a company's exhibit program.

Exhibition(전시회)

Exhibitor Information Manual(참가업체 매뉴얼) A booklet containing rules and regulations of exhibition plus all service order forms required by exhibitors.

Exhibitor Pack(전시업체 키트) A package of information which contains all rules, regulations, and forms relating to an exhibition, provided to exhibitors by show management. Also called Service Kit.

Export(수출) To send or transport goods out of one country for sale in another.

Export Merchant(수출상) A company that buys products directly from manufacturers, then packages the merchandise for resale under its own name.

Export Trading Company(수입상) A company that buys foreign merchandise for resale in its own local market.

Exposition(전시회)

Exposition Manager(전시 관리자) See Show Manager.

Exposition Rules(전시회 규정) The set of regulations which govern a given trade show.

F

Fabrication(전시부스 설치) The construction of an exhibit.

Fascia(사명판) board across the front of the stand on which the exhibitor's name and stand number is displayed.

Fiber Optics(광섬유) The use of cut glass fibers to display collared light.

Fire Exit(비상구) A door designated for emergency egress, which must be kept clear of obstructions.

Fire Lane(비상통로) An aisle that must be kept clear of obstructions to allow emergency egress.

Fire Retardant(방화 코팅재) Term used to describe a finish which coats materials with a fire-resistant (not fire proof) cover.

Floor Manager(홀 매니저) An individual representing show management who is responsible for the exhibition area.

Floor Marking(스페이스 마킹) Method used to mark booth spaces.

Floor Order(사후 주문) Order for services placed after exhibit installation has begun. Compare with Advance Order.

Floor Plan(전시장 도면) A map showing the size and locations of exhibit spaces.

Floor Port(유틸리티 박스) A utility box recessed in the floor containing electrical, telephone, or plumbing connections.

Foam Core(폼 코어) Rigid foam covered with heavy paper stock used for mounting signs, art, etc.

Forklift, Forktruck(포크리프트, 포크트럭) Motorized vehicle used to load, unload, and transport heavy items.

Free Trade Zone(자유무역지대) A port designated by the government of a country for duty-free entry of any non-prohibited goods.

Freight(화물) Exhibit properties and other materials shipped for an exhibit.

Freight Desk(전시품 반출입 안내소) The area where inbound and outbound exhibit materials are handled at a trade show.

Freight Forwarder(수출화물 운송서비스 업체) A shipping company which handles export shipments for a fee.

G

Gangway(통로) International term referring to the 'aisle'.

GATT(관세 및 무역에 관한 일반협정) General Agreement on Tariffs and Trade. A multilateral treaty intended to reduce trade barriers between the signatory countries and to promote trade through tariff concessions.

Goods removal form(전시품 반출 양식) form issued by the organisers, allowing goods to be removed from the exhibition area.

Graphic(그래픽) A photo, copy panel, or artwork applied to an exhibit.

H

Hall(전시홀) General term used for an exposition facility or the exhibit area within a facility.

Hand Truck(핸드 트럭) Small hand-propelled vehicle used for transporting small loads.

Header(부스상부 사인) A sign or other structure across the top of an exhibit.

Hire(렌트) International term referring to 'rent' a service or product.

I

Independent Contractor(참가업체 개별 서비스업체) A contractor hired by an exhibitor to perform trade show services independently of show management appointed contractors.

Infringement(스페이스 침범) An exhibitor's unauthorized use of floor space outside the leased booth area.

In-line(평행으로 나란한) An exhibit that is constructed in a continuous line along an aisle. Also called Linear Display.

Installation(설치하기) The process of setting up exhibit properties according to specifications. Also called assembly, set up, build-up.

Installation & Dismantle(설치하기 & 해체하기) The set up and take-down of exhibits.

Inventory(재고 리스트) Total amount of equipment available for a show.

Island Exhibit(4면 오픈 아일랜드형 부스장치) A display with aisles on four sides.

J

Junction Box(배전함) A distribution point for electrical power.

K.D.(Knockdown) An exhibit with separate components that must be assembled on-site.

Lamination(접착하여 붙이기) The process of bonding two or more substances together.

Lead Tracking(세일즈리드 추적) A manual or automated system used to conduct follow-up activities for sales prospects resulting from a trade show.

Liability(법적 책임) legal term referring to responsibility for damages or injuries.

Light Box(라이팅 박스) An enclosure which contains lighting underneath a translucent facing material. Used to back-light signs or graphics applied to the face.

Lighting(조도) The amount or type of illumination in an exhibit or exhibition hall.

Linear Display(평행으로 나란한 부스장치) An exhibit that is constructed in a continuous line along an aisle. Also called In-line.

Loading Dock(화물 적재장) An area within an exposition facility where freight is received and shipped.

Lock-Up(보관창고) A secure storage area within an exposition facility.

Logo(로고) A specific symbol chosen to represent a company. Usually comprised of stylized type alone or in conjunction with graphic art.

Low Voltage(24볼트 이하의 낮은 전압) A term applied to electrical currents of 24 volts or less. Usually used in animation and specialty lighting.

M

Manual(매뉴얼) See Exhibitor's information manual.

Marshalling Yard(화물집하장) A lot where trucks gather for orderly dispatch to show site.

Mask(덮기) To cover for painting or protection.

Meet-and-great(영접인) person who welcomes people at airports, exhibitions or stands.

Metre(미터) The most common width for a backwall panel. (1 Metre = 39.37 inches)

Mirror tape(양면 스폰지 테이프) double sides sponge tape, used for mounting product and graphics to exhibition walls.

Modular Display(조립형 부스장치) An exhibit constructed with interchangeable components designed to be set up in various arrangements and sizes.

Move-in(전시물품 반입) The date specified by show management for beginning exhibit installation. Also called build-up.

Move-out(전시물품 반출) The date specified by show management for dismantling exhibits. Also called break-down.

Multimedia(멀티미디어) Combining two or more types of audio/visual support in a presentation.

Net Square Metreage(총 부스면적) The total amount of leased stand space in an exhibition facility.

Official Contractor(공식 계약업체) Show management appointed company providing services to a trade show and/or its exhibitors.

On-site(현장) A reference to the exhibit location. Also called At-site.

On-site Order(현장 주문) Floor order placed at a show site.

Organisers(전시회 주최사) the exhibition organisers.

Overtime(시간외 초과) A designation for work performed outside the hours specified as normal working hours. Usually work performed on overtime is charged at a substantially higher rate.

Packing Case(포장 상자) See Shipping Case.

Packing List(선적 물품 내역서) A document prepared by a shipper itemizing contents of shipment and including other information needed by the carrier.

Pallet(팔렛트) Wooden frame on which goods are packed, when moved by fork lift truck.

Panel System(판넬 시스템) A prefabricated exhibit composed of connected rectangular panels of various sizes.

Particle Board(MFD 보드) A panel made of compressed, glued wood chips.

Peg Board(행잉 하드보드) The trade name for a type of hardboard with perforations at regular intervals. Usually used for hanging items.

Peninsula stand(3면 오픈 반도형 부스) An exhibit with aisles on three sides.

Perimeter stand(야외 부스) A stand space on a outside wall.

Pipe & Drape(기본부스 장치~미국형) Tubing covered with draped fabric to make up the rails and backwall of a trade show. Most normally used in U.S.

Plinth(주추) a structure on which goods or graphics can be displayed.

Podium(발표자용 무대) A demonstration area, usually higher than the surrounding floor.

Portable Exhibit(휴대용 부스장치) A lightweight display unit that can be moved without a forklift.

Press Kit(보도용 자료 세트) A package of materials put together for the media. Usually a folder containing press releases, product announcements, and other materials.

Press Release(보도자료) An article submitted to the media for publication. Usually announcing news about a product, company, or individual.

Press-stick(압착물) putty-like substance used for mounting graphics and products to exhibition stand walls.

Pro Forma Invoice(거래조건 명세서) An invoice sent to a buyer prior to the shipment of merchandise which provides detailed information about the kinds and quantities of goods to be shipped.

R

Raceway(전선보호관) Metal or insulated rubber tubing used to channel electrical wires.

Raised floor(바닥 부상 구조물) structure on which stand is built, normally to conceal piping and wiring underneath.

Rear Illumination(후방 조명) A technique of using a light source to illuminate a translucent image from behind. Also called Back-lighting.

Rear Projection(후방 프로젝션) A video technique in which images are projected on a screen positioned between the projector and the audience.

Refurbish(재활용 수리) The process of repairing or reconditioning an exhibit to extend its life span.

Registration(등록데스크) area at entrance to exhibition where visitors register.

Relay(릴레이) An electrical device used to produce programmed effects by interrupting the flow of current.

Rheostat(조도 조절기) A device used to regulate lighting intensity. Also known as Dimmer Switch.

Rigger(기계조립 전문가) A skilled worker responsible for handling and assembly of machinery.

Riser(플랫폼) A platform for people or materials.

Rules and Regulations(규칙과 규정) The specific set of rules that apply to an exhibition.

S

Scrim(마 천) Fabric which is opaque when lighted from the front and transparent when lighted from the rear.

Security Cages(보관용 상자) Cages provided to exhibitors for locking up materials.

Self-contained Exhibit(포장 일체형 부스장치) A display which uses the shipping case as an integral part of the exhibit.

Service Desk(안내데스크) The location at which exhibitors order services from show management.

Set Up(설치하기) The process of erecting an exhibit from its components. Also called Assembly, Installation, build-up.

Set-up Drawing(설치 도면) Drawings which give detailed instructions for the installation of an exhibit.

Shell scheme(전시부스 벽체) the walls of exhibition stands.

Shipping Case(선정용 박스) A reusable container for transporting exhibit materials.

Shipping Crate(선적용 목재상자) A wooden container for transporting exhibit materials, which may be designed for a single use or custom built for extended reuse.

Show Manager(전시주최 실무자) The organizer and operator of an exhibition.

Show Office(주최자 사무실) The show management office at an exhibition.

Show Photographer(전시회 공식 사진사) The show management appointed photographer for an exhibition.

Show Rules(전시회 규정) The general rules and regulations governing a specific trade show.

Shrink Wrap(투명비닐 수축포장) A process used to seal materials in transparent plastic.

Sign Standard(표준 사인) A frame on a stand into which a sign can be inserted for display.

Silk Screen(실크스크린) A method of creating graphics with a reusable stencil.

Skirting(테이블 커버) Decorative covering around tables and risers.

Smoker(흡연박스) Ashtray stand.

Space(임차면적) The area occupied by an exhibitor in the exhibition hall.

Space Rental(스페이스 임차료) The cost per square metre of exhibit area.

Spotlight(스포트라이트) A lamp that provides a defined circle of light.

Staging Area(무대지역) A location used for demonstrations.

Stanchions(지지대) Posts used to support signage or other elevated objects.

Stand(부스) An area made up of one or more standard units of exhibit space. In U.S. called a booth.

Stand Area(부스면적) The amount of floor space assigned to an exhibitor.

Stand Builder(부스건축자) A company which designs and builds exhibits.

Stand Number(부스번호) A number assigned by show management to identify an exhibitor's floor space.

Stand staff(부스운영자) Staff members assigned by an exhibitor to work in an exhibit.

Stand Size(부스 크기) The dimensions of the floor space contracted by an exhibitor. Usually sold in increments of 3m×3m or 3m×4m.

Strike(부수기) to breakdown the exhibition or a stand.

Subcontractor(하도급업체) An individual or company retained by a contractor to provide services.

Systems(시스템) different display systems with a fixed number of unique parts.

Table Top Display(상부 부스장치) An exhibit designed for use on the top of a table or similar surface.

Tariff Rates(화물 운임요율) Shipping charges for various types of cargo.

Teardown(해체하기) The dismantling of an exhibit. Also known as Take-down.

Terminal(화물 터미널) Freight handling or dock area.

Terms and conditions(거래약관) The specific set of rules that apply to an exhibition contract with the organisers of contractors.

Trade Fair(전문전시회) Broadly used as the international term for an exhibition.

Trade Show(전문전시회) An exhibition related to a particular industry or group, and open only to the members of that group.

Traffic Flow(내방객 흐름) The movement of visitors through an exhibition or exhibit.

Turntables(회전형 전시대) revolving motor-driven platforms on which goods can be displayed.

V.A.T.(부가가치세) Value Added Tax. A tax that has been added to the overall price of a product reflecting the value added to the product by processing.

Valance(배플 빛 상부 배너) An overhead banner typically used as a light baffle.

Velcro(벨크로 테이프) The trade name for a fabric closure with two components: hooks and loops. The two components adhere when pressed together and separate when pulled apart, allowing repeated use.

Venue(전시장) the place where an exhibition is held.

Visitors(방문객) People who visit an exhibition.

W

W/B(화물 운송장) Waybill.

Wallboard(임시벽체용 판) A construction product used for panels which are temporary.

Warehouse Receipt(보관창고 수령증) A receipt issued by a warehouse for goods received for storage.

Waste Removal(쓰레기 수거) The removal of trash from an area or building.

Wharfage(부두 사용료) A charge assessed for handling cargo at a pier.

Y

YPF(젊은 기업가 포럼) Young Professionals Forum.

Z

Zoo(개막 2시간 전 전시부스) The booth two hours before the show opens!